光市事件
弁護団は何を立証したのか

光市事件弁護団 編著
インパクト出版会

3部◎司法の職責放棄が招いた弁護士バッシング

本書の1部、2部掲載の光市事件弁護団の発言は、二〇〇八年三月一五日、東京四谷の主婦会館プラザエフで行われた『光市事件』弁護団に聞く　弁護団は何を主張・立証したのか――報道された虚偽の事実と報道されなかった真実」のものである。

主催した「光市事件」報道を検証する会は、〇七年五月以来の光市事件裁判を扱うテレビ番組が、事実を曲げて伝え、作為・演出があまりにも過剰で、放送法に規定されている平等原則に違反し、放送倫理基準を逸脱しているとして、特に悪質な一八番組に絞って、〇七年一一月二七日に放送倫理・番組向上機構（BPO）の放送倫理検証委員会に申立を行った市民団体である。

この日の集会では冒頭、「『光市事件』報道の問題点」を会から山際永三氏が問題番組のビデオを上映しながら説明した。そして、集会の最後にはフリージャーナリストの綿井健陽氏が「その日の『元少年』――事件当日の足取りと友人の証言から」と題して、事件から九年目の現場で、当日の少年の足取りを同じようにたどった映像を上映しながら講演を行った。

なお、この日の集会に参加・発言した一七名の他、北潟谷仁、田上剛、中道武美、舟木友比古弁護士の四名を合わせて二一人で光市事件弁護団は構成されている。　（インパクト出版会編集部）

1部　光市事件の概要

光市事件　検察・裁判所の主張

安田好弘　こんにちわ、弁護士の安田です。弁護人の一人です。これから三〇分程、光市事件の概要について説明させていただきます。

私自身は、この事件は、司法そのものが問われている事件であると思っています。その中身については、これから皆さんからいろいろと話していただけると思いますので、とりあえず説明させていただきます。

これが、衛星から見た光市の位置です。瀬戸内に面した人口約五万五千の町です。これはさらに拡大したものです。真ん中の写真の丸のところで事件は起きました。

この光市というのは、新日鉄と武田薬品の企業城下町と呼ばれています。この丸のところをさらに拡大しますと、下の写真の四角く囲った新日鉄の社宅、社宅といいましても、ごらんいただくように、マンション群ですね。この中で起こりました。

上のほうの丸が、実は加害者の少年が住んでいたマンションです。下のほうの丸が、これ

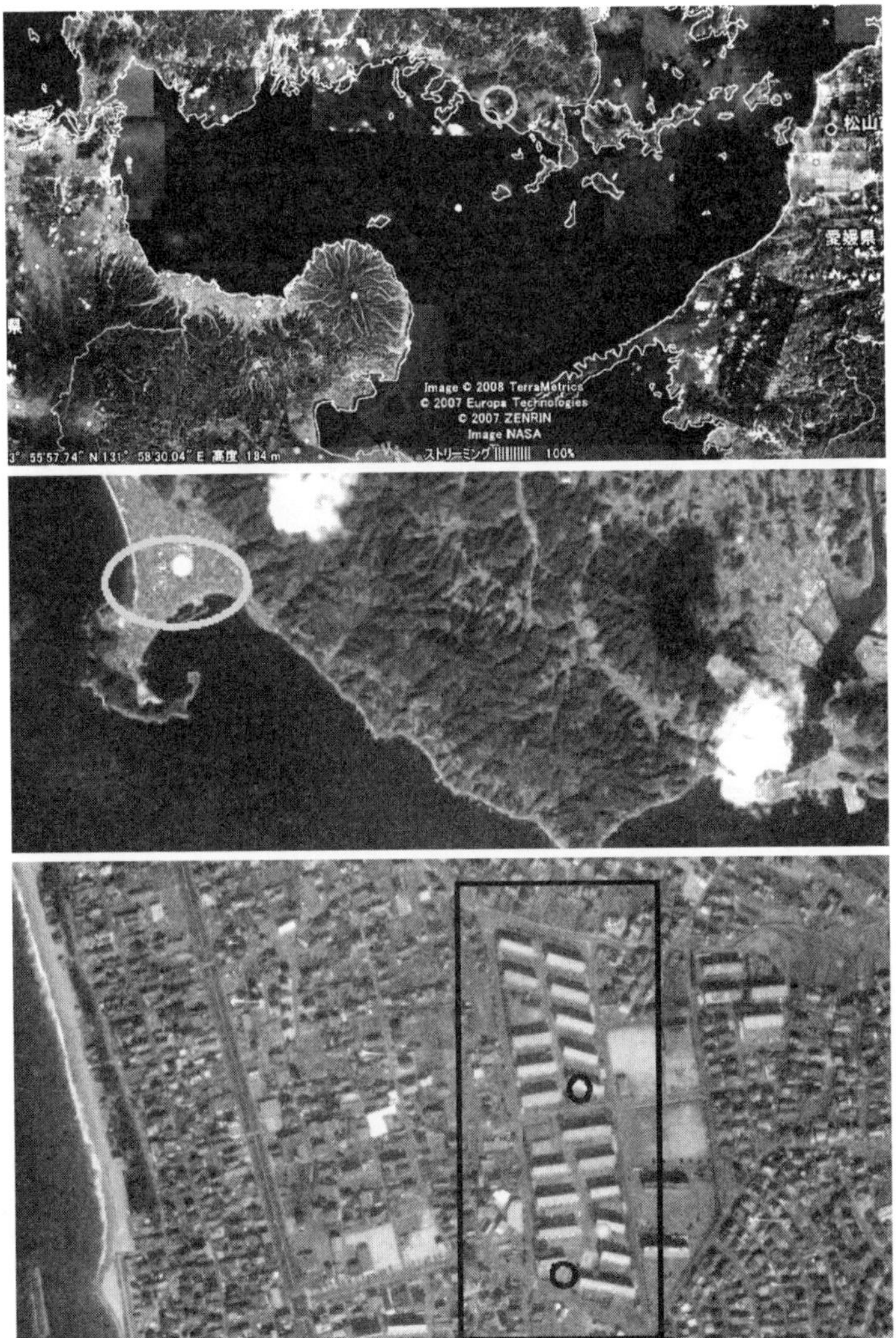
松山
愛媛県
県
Image © 2008 TerraMetrics
© 2007 Europa Technologies
© 2007 ZENRIN
Image NASA
3° 55'57.74" N 131° 58'30.04" E 高度 184 m
ストリーミング 100%

Google

が事件現場の社宅です。直線距離で二〇〇メーターぐらいの位置関係にあります。ですから一つのコンドミニアムの中で起こった事件というふうに理解していただいていいと思います。

次に、これが事件現場の社宅。この上の四角い印の部屋の中で事件は起こりました。

事件の経過

さらに細かくお話する前に、事件の経過についてお話したいと思います。

事件は今から約九年前、一九九九年四月一四日、起こりました。その四日後、一八歳一ヵ月の少年が逮捕されました。光警察署に留置されまして、警察、検察の取調を受けました。少年事件は全て家庭裁判所に送られるというのが少年法の規定ですので、彼も同じように警察、検察の取調のあと、山口の家庭裁判所へ送られました。家庭裁判所で約一ヵ月間、彼に対する調査、いわゆる鑑別が行われました。その結果、この事件は保護ではなく、刑事処罰を与えるのが相当であるという結論を出しまして、検察庁にもう一度送り返したわけです。

検察庁は、事件の、「逆送」と私たちは呼んでいるんですけれども、送り返しを受けて、一週間ばかり、再度の捜査をするわけです。そして、六月一一日、少年を殺人、強姦致死、それから窃盗で起訴しました。

で、第一回公判が始まり、第七回公判、八月にはじまって三月ですから約七ヵ月、半年で一審の判決となり、結論としては無期懲役の判決が出ました。検察官はこれはあまりにも軽すぎるということで、控訴をしました。これが第一審なんですね。

広島高裁で控訴審の裁判が進行しました。約二年間かかって、控訴審判決が出ました。二〇〇二年の三月一四日のことです。結論は第一審判決は誤りでないということで、第一審の無期懲役判決を支持しました。これに対して検察官が上告したわけです。異例な上告と言っていいと思います。

一、二審の判決は、判例に違反している、そして無期懲役という判決は著しく正義に反するんだということで、上告したわけです。検察官は半年かけて上告趣意書を提出しました。

弁護人はその二ヵ月後に答弁書を提出しました。この答弁書の中身は、過去の日本の判例を見てみると、少年が二人の人を殺害したとしても無期懲役が従来の裁判所の判例なんだと、だから判例に違反していない、という反論を弁護人はしています。

おわかりいただけると思うんですが、それから三年間、音無しの状態が続くわけです。で、三年経った二〇〇五年、いきなり最高裁が弁論を開くというように言ってきました。一般に弁論を開くという場合は、元の判決、つまり今回ですと広島高等裁判所の判決を見直す場合なんですけどね。つまり、三年経って、控訴審の判決がひっくり返る可能性が出てきたんです。そして、その翌年、二〇〇六年の三月一四日に弁論を開くということを指定してきたわけです。

上告審による差戻判決

この段階で、実は二〇〇六年二月二七日、私と足立弁護士が、元の最高裁の弁護人の依頼を受けて、本人に会いました。開口一番彼が言ったことは、「実は強姦するつもりはなかったんだ」ということです。その次に会ったときに彼が言ったのは、「実は殺すつもりもなかった」と言うわけです。私どもは、彼は事件をそのまま認めているというふうに聞いていたものですから、びっくり仰天したんです。その場に旧弁護人も一緒に同席してもらったんですけど、旧弁護人もびっくりする。一体どういうことなのかとなるわけです。事実が全く違うというのが彼の主張なわけです。ですから私たちは、最高裁に対して調べ直しをさせてくれということを言ったわけですけれども、最高裁は、いや、決まった日にちに出てきて弁論せよと言うわけです。しかし私どもはとても準備ができないということで、弁論を欠席しました。

そのあと、一ヵ月後ですけれども、弁論が再度開かれて、そこで私たちはそれまでに調べた中身について主張して、とにかく、そもそも、まともな裁判がこの事件では行われていないと。一審も二審も事実調べをまともにやっていない。これは司法そのものの責任の放棄だと。もう一度この事件を差し戻して、一から調べなおしてもらいたいということを主張したわけですけれども、最高裁はそれを拒否した。むしろ検察官の主張を全面的に受け入れて、一、二審の無期懲役の判決はあまりにも軽すぎるということで、破棄差し戻しをしたわけです。

で、差戻控訴審が始まりました。これが先ほどから言われている二一人の弁護士が弁護人になったわけです。ともかくこの裁判はまともな裁判が行われてこなかった。とりわけ最高裁の裁判はひどいと。ともかくまともな裁判を実現するために私たちは集まりました。

差戻控訴審では一二回、法廷を開きました。一三回目、来月の四月二二日ですけれども、判決が予定されています。

今日、弁護人の人たちから、どういうことが問題だったか、ということを話していただくわけですけれども、私たちが何をやったかについて簡単に触れます。

証拠としては約六〇、裁判所に請求しました。被告人質問は五回、証人は八名、鑑定書は五通請求しました。この中で、右のカッコの中のものが、裁判所が採用したものです。約五〇の証拠が採用され、四名の証人の証人調べが行われました。

差戻控訴審で行われた立証活動

1	検察		
	証人尋問	…………1名	(1)
	鑑定書	…………1	(1)
	物	…………1	(1)
	その他	…………5	(4)
2	弁護人		
	被告人質問	…………5回	(5)
	証人尋問	…………8名	(4)
	鑑定書	…………5	(5)
	実験結果報告書	……4	(2)
	検証	…………1	(0)
	手紙	…………16	(15)
	書籍・文献	…………9	(3)
	物	…………4	(2)
	その他	…………13	(11)
3	双方	…………5	(5)

これから皆さん方にお話したいのは、今日の議論の前提として、まずどのように彼は言われているのかと、つまり、検察は彼が何をしたと主張しているのか、で、一、二審では、その検察の主張通り裁判所は認めたわけですけれども、その中身をまずこれから説明させて

いただこうと思います。それを踏まえた上で、このあと、弁護人の方々に具体的にどういう問題があるかということを個別指摘していただきたいというように思っています。

検察の主張

これが事件が起こった場所の、いわゆる住宅地図です。上の丸が彼の自宅です。彼は当日

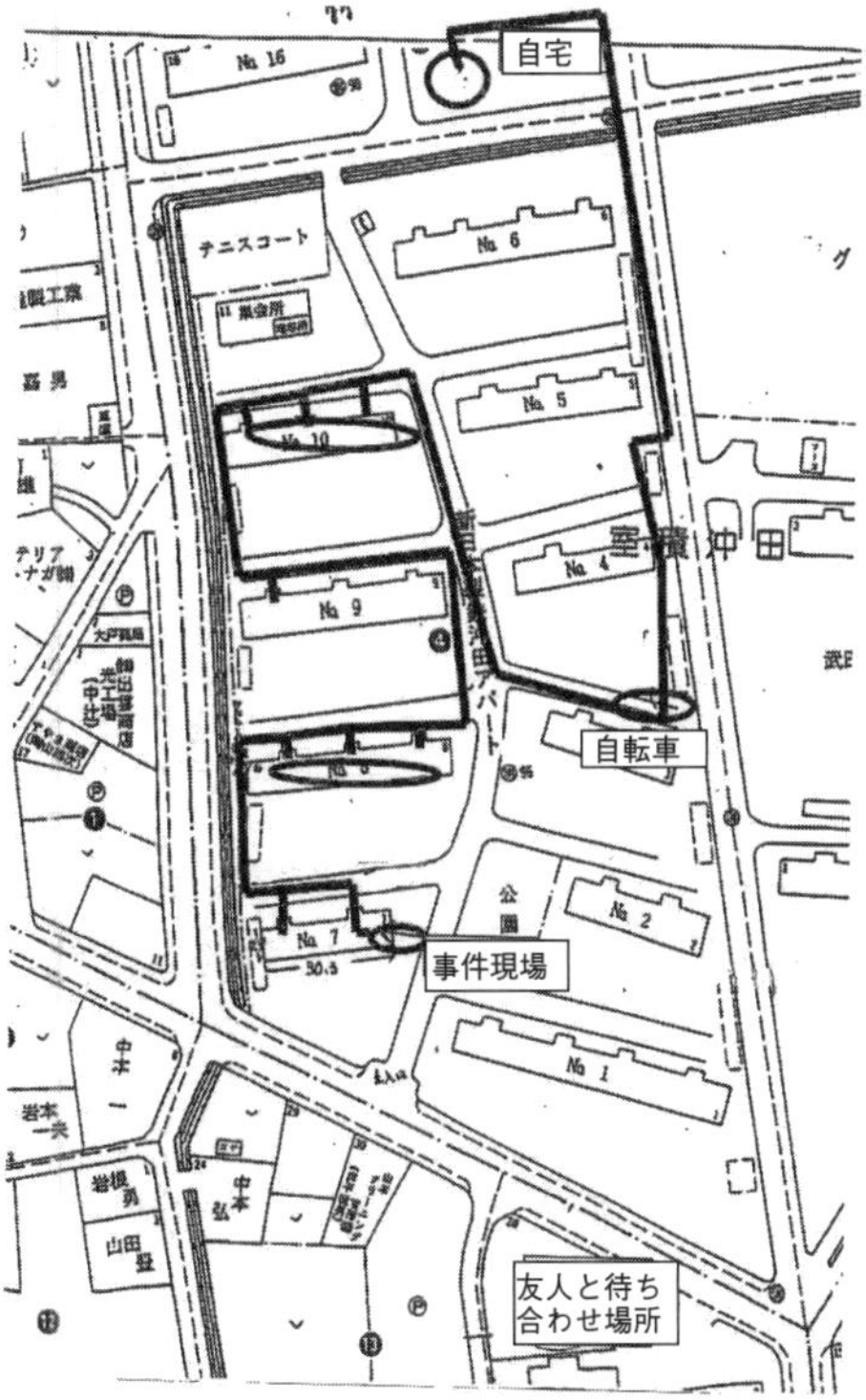

の朝自宅を出ました。仕事に行くふりをして出たわけです。行った場所は友だちの家だったわけです。友だちの家で昼までゲームをして遊びました。昼になって友だちは買い物に行くというので、彼は一人ぼっちになりました。それで行くあても

なかったので自宅に戻ってきたわけです。

自宅には義母、義理のお母さんがいました。その義理のお母さんに、自宅の近くまで工事に来たと、昼休みになったので、昼休みの間は家に帰っていいと言われたので帰ってきた、と言って自宅に戻ってくるわけです。で、お母さんが食べていた昼ご飯を一緒に食べます。お母さんは心配して、早く仕事に行かないと、ということで、お母さんに追いたてられるようにして、彼は自宅を出るわけです。

実は彼は、当日ですが、午後三時に友だちと待ち合わせして、ゲームをして遊ぶ。ゲームセンター、小さなゲームセンターなんですけどね。そこで遊ぶ約束をしていたわけです。

彼が自宅を出たのは一時四〇分というふうに言われています。彼は、前ページの地図の真ん中に丸がありますけれども、ここに自転車を置いていたわけです。彼は職場まで自転車通勤をしていまして、自宅を出るとき自転車に乗って出たわけです。彼は自宅からこの自転車のところまで歩いてくるわけです。歩くと二分ないし三分ぐらいの距離です。彼は四月一日から会社に勤めているわけですね、新卒です。検察は会社が忙しかったり、それから緊張で疲れたりして、当時、いわゆる自慰、マスターベーションをしていなかったと。だから性的欲求が彼の中に溜まっていたと。で、この自宅からこの自転車のところまで歩いてくる二、三分の間に、よし、強姦してやろうというふうに決意したと言うんです。

この社宅群を一戸一戸回って、自分の好みの女性と出会ったら、そのまま強姦しようと彼は決意したということです。そしてこの自転車のところに戻って、自転車の籠、前籠ですけれど、そこに置いていたガムテープを持って、この第一〇棟から一戸ずつ回るわけです。マンションの呼び鈴を押す。中の人が出てくる。「○○設備の者です」と言うんですね。この○○設備というのは彼が当時勤めていた会社の実名です。で、「排水の検査に来ました」と言うんですね。そして「トイレの水を流してください」と言うわけです。出た家人の人は家の中に入って、トイレの水を流す。彼は「ありがとうございました」と言って、次の家に向かう、ということを第一〇棟から続けるわけです。

第九棟、これは誰もいませんので、これは飛ばす。第八棟に行く。どこに行っても彼は自分の好みの女性はいなかったと、相手が年輩であったり男性であったりした。そしていよいよ第七棟に行く。先ほどの四階ですね。その第七棟に来たときに被害者の人が出てきた。「○○設備の者です。排水の検査に来ました」と言ったところ、被害者の人から「上がってください」と言われて、彼は中に入るわけです。

この様子を彼が捜査段階で再現していますので、それを見ながら説明したいと思います。これが彼が持っていたガムテープです。当時彼は胸ポケットの中に業務用ですけれども、このカッターナイフを持っていました。このガムテープとカッターナイフで強姦しようと決意したわけです。

ここで呼び鈴を鳴らします。被害者の人が出てきます。「〇〇設備の者です。排水の検査に来ました」と言った段階で、中に入ってくださいと言われて、彼は中に入るんですね。入って、上図のの線が彼の動線です。一番最初に行った場所はトイレです。これは被害者のお宅の図面ですけれども、3DKです。上図のまるで囲こっている六畳の居間で、事件が起こっています。彼は上がると同時にトイレに入り込むんですね。トイレで下水の検査の真似をする。ドアを閉めて、中に閉じこもる形になるわけです。次に今度は、風呂場にいってさらに下水の検査を

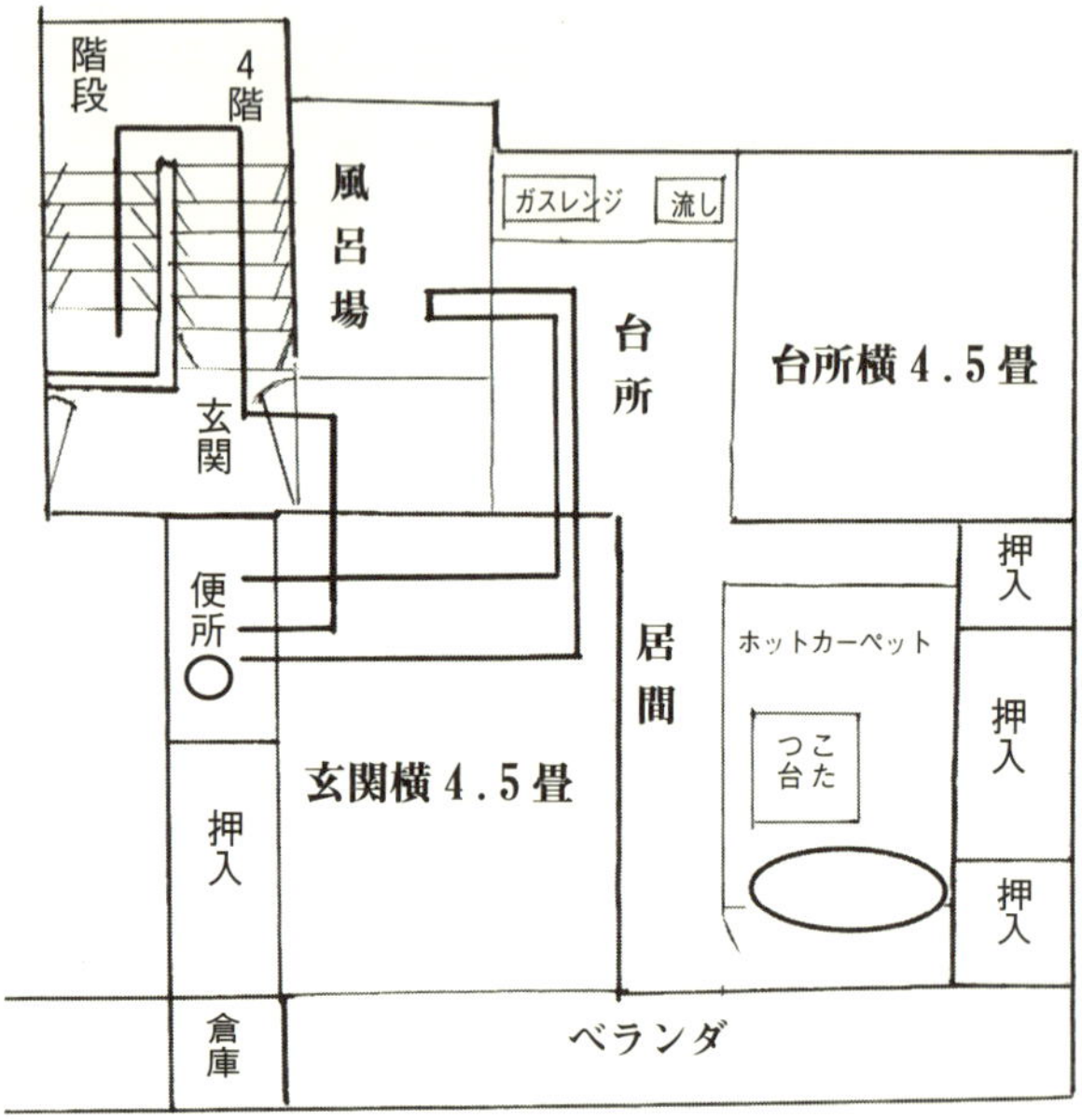

する。そしてそのあとですけれども、台所で被害者に対して、「ペンチを貸してください」、つまり工具を貸して下さいというふうに頼むわけです。

被害者の人に工具を渡してもらって、もう一度トイレに入るんです。そしてそこで、この丸がしてありますけれども、トイレ・マジックリンを発見するわけです。このトイレ・マジックリンを被害者の顔に吹きつけて、目潰しにして、それで襲おうというふうに彼は決めるわけです。

そしてトイレから出てきます。ちょうどそこにお子さんがいたわけです。一一ヵ月の女のお子さんです。で、女の子を抱いて、手にはガムテープとトイレ・マジックリンを持っているわけです。そして先ほどの六畳の居間に入ります。被害者の人は座ってテレビを見ていました。

で、子どもさんをカーペットの上に置きます。そうすると被害者の人は立ち上がって子どもさんを抱こうとします。この隙に彼は後ろに回ります。そして、背後から抱きつくわけです。被害者の人はびっくりします。大声をあげます。そして立ち上がろうとします。そしてこれを制するようにトイレ・マジックリンを持って、顔に吹きつけるわけです。それでも被害者の人は抵抗します。それで仰向きにひっくり返して、馬乗りになるわけです。この段階で殺害を決意するんです。殺してから強姦しようというふうに決意を変えるんです。

その結果、何をするかというと、まず両親指を喉仏付近に押し当てて、思いっきり押さえるんです。親指の指先が真っ白になったと言われています。しかしそれでも殺害できなかったんですね。それで今度は両手で首を絞めるんです。全体重をかけて力一杯絞め続けたというわけです。その結果、抵抗した被害者の手はバタリとカーペットに落ちた。しかし彼はそれでもなお不安だったので、絞め続けたということです。

そのあとですが、ガムテープを被害者の口に貼ります。鼻にも貼ります。そして、手にも貼ります。手をガムテープでぐるぐる巻きにします。生き返られたら困るというわけです。そのあとですが、脱糞を拭いて、そして姦淫するわけですね。

この被害者の人の縁で子どもさんが被害者に泣きついているわけです。それでこの子どもさんを抱っこして、泣きやませようとあやすんですね。一生懸命あやすんです。しかし、子どもさんは泣きやまない。彼は困り果てて、風呂桶の中に子どもさんを入れて蓋をするんです。それでも泣きやまない。今度は子どもさんを押入の天袋に入れる。それでも泣きやまない。それで彼は子どもさんを天袋から引き出すんです。何をやったか、このように頭上に高く上げて頭を下に向けて、後頭部が床に当たるようにして、思いきり叩きつけたというわけです。殺す意思があったと。「怒りのあまり、激昂して」、という話になっています。で、叩きつけました。でも子どもさんはお母さんのほうに助けを求めてハイハイしていくわけですね。しかしその子どもさんを引き離して両手で首を絞めて殺そうとするわけです。しかし殺すことはできなかった。首が小さかったからというわけです。それで、たまたま彼が持っていた、ポケットに入っていたんですけれども、剣道の籠手の紐で子どもさんの首を二重巻きにするんです。そしてうなじ、後頸部と言いますけれども、後頸部で紐を交差させて、思いきり絞める。そして絞殺する。絞殺したあと、右側頸部ですけれど、首の右側で蝶々結びにした。そして子どもさんの遺体を天袋に隠す。そして被害者の遺体を押入の下の段に隠す。そのあと、彼は、借りたペンチ、それから使ったトイレ・マジックリン、それから財布を持って被害者の家を出た、と。まぁ、こういうふうに言われているわけです。

裁判所の認定

これは一審の判決です。

「被告人は女性と性交したいという自己の性欲の赴くままに判示第一の犯行［これは被害者を殺害したことです］に及び、その傍らで泣き叫んでいた乳児を右犯行の発覚を免れるためなどの理由で判示第二の犯行［これは子どもさんを殺害した行為です］に及んだものであり、誠に身勝手かつ自己中心的なその犯行動機に酌量の余地は全くない。

そして、その犯行態様も、判示第一の犯行にあっては、白昼排水検査を装って団地に居住している主婦を物色し、前記主婦に出会うや犯行を決意し、被害者ら方において強姦の犯意で同所にあったスプレー式洗浄剤を目潰しに使用し、同女から激しい抵抗を受けるや、同女を殺害した上姦淫の目的を遂げようと決意し、同女の上に馬乗りになり、確定的殺意をもって何ら躊躇することなく両手で絞殺し」た。

さらに被害者の子どもさんに対しては

「泣き止まないのに激昂し、被告人の頭上の高さから居間の床に叩きつけ、それでも泣き止まない同児を確定的殺意をもってその頸部を両手で絞め付け、さらに右主婦の所にはって行こうとする同児の頸部に所携の紐を巻き付けて絞殺したものであって、極めて冷酷かつ残忍であり、非人間的犯行であるといわざるを得ない」

というふうに第一審の判決は認定したんです。これは控訴審でも同じことです。

そしてそう認定したんですけれども、こういうふうに第一審は言っているんです。「内面の未熟さが顕著である」と言っているわけです。そして、「なお発達の過程にある」と。「矯正が可能」だと。そして最後のところで、「被告人の実母が中学校時代に自殺する等その家庭環境が不遇で生育環境において同情すべきものがあり、それが本件各犯行を犯すような性格、行動傾向を形成するについて影響した面が否定できない」と。不幸な生い立ちがこの事件の犯行態様とか、犯行計画、性行ですね、それに影響したという認定をして無期懲役にしたわけです。

ところが、これは最高裁の判決では、「一、二審の認定する事実は説示するとおりゆるぎなく認めることができる」、つまり一、二審の事実認定は正しいんだと言ったんですが、ところが一、二審が同情すべきだと言ったところを、「高等教育も受けることができ、特に劣悪であったとまでは認めることができない」と言って、一、二審が彼の生い立ちとか、あるいは彼が未熟であったと、著しく未熟であったという部分については否定したんです。そして破棄差戻をしたんです。

これが一審、二審、そして最高裁が認定した事実だったんです。これに対して私どもは、ほんとにそうなのかと。なぜか。私が一番最初に彼に会ったときには彼は二五歳でした。しかし本当に未熟だったです。幼かったです。私が見て、「え？　二五歳なの？　一八歳よりも若いのではないか？」と疑うぐらい未熟だったです。ですから、ここに、裁判でいわれている大人の犯行、大人と同視できるような犯行、およそそんなこと出来っこないなというのが直感だったんです。他の弁護人もほとんど同じ直感を持ちました。今は違います。大きく成長しました。

じゃあ事実を見直してみようということが始まったわけです。その中身については、この後、皆さん方が説明してくれます。ぜひ、お聞きいただきたいと思います。ありがとうございました。

2部

光市事件弁護団に聞く

被告人の供述を中心として

はじめに

小林修　それでは弁護団によるシンポジウムを開始したいと思います。私は愛知県弁護士会の弁護人の小林修といいます。私と、それからもうひとり……

湯山孝弘　弁護人の湯山といいます。

小林　二人でこの四つのシンポジウムのコーディネーターを務めさせていただきたいと思います。

主催者の要望で、自己紹介をかねて、どんな気持ちでこの裁判に取り組んでいるかということを話すようにということですので、コーディネーターの私から簡単にお話したいと思います。

私は差し戻し後の控訴審になってから加わらせていただきました。先ほど安田主任の話にありましたように、最初に会ったときには、ほんとに幼く見えて、ほんとにこの子はどんなことを考えているのかなと思ったんですが、裁判をやるなかで、わずか一年と少しのことですけれども、どんどん変わっていきました。そう思うと、やっぱり、この差し戻し前までは、彼は変わっていけなかった、成長が止まっていたんだなぁということを感じております。彼が成長していくことは嬉しいことですし、この彼を、正当な判決といいますかね、正当な裁判を受けさせて、やっぱり、この彼に死刑を科すことはいけないという気持ちでやっております。

湯山　私もこの控訴審から弁護人となったわけですけれども、まず動機となったのは、最高裁の判決です。それがそもそもそれまでの量刑基準を逸脱しているのではないかと思いました。それが一番最初に本件に関わることになった動機です。

その当時、私自身も、マスコミから得る知識しか持っていませんでした。ただ、被告人に現実に会ってみて、そして記録を検討してみると、まったく事実が違うではないかというところから受任していったということであります。その後、いろいろマスコミを通じて、また、そのマスコミを見た人たちからいろいろなことを言われていますけれども、私としては、あくまでも通常の刑事弁護と同様にやるように努めております。

小林　それでは四つのシンポジウムの内容を簡単に説明しますと、一つ目が、少年被告人の供述を中心としたシンポジウム。それから二つ目が、殺害行為。どのような行為だったのかを中心とした法医学鑑定をめぐるシンポジウム。三つ目が、判決で問題になっておりますけれども、いわゆる犯行の計画性に関わるシンポジウム。四つ目が、この事件の情状について、であります。

弁護団は、弁論要旨を提出し、それから弁論要旨の補充書を提出(註)しておりますので、詳しくはそれを見ていただきたいと思いますが、その内容の一部になってしまいますけれども、そのエッセンスをご理解いただこうということで、このシンポジウムを考えました。

(註)弁護人はその後、補充書2をさらに提出している。

被告人の供述は変わったのか――強姦と殺意

小林　それでは、少年被告人供述についてのシンポジウムを開始していきたいと思います。

最初に井上弁護人におうかがいしますけれども、マスコミ報道によりますと、被告人供述が、最高裁までのものと、それから最高裁及び差し戻し後のもので大きく変わったんだ、けしからん、というふうに非難する人がいることになっていますが、まず、変わったとしたら、どういうところが変わったんでしょうか。そしてそれは本当に初めから彼が言っていなかったことなのかを含めて、いくつか整理して報告していただきたいと思います。

井上明彦　ご紹介いただきました弁護士の井上明彦といいます。簡単にどうしてこの事件を弁護しているのかということを話させていただきますと、私は実は最高裁段階で就いていた旧弁護人の一人です。旧控訴審の段階では私はまだ修習生で弁護士ではなかったんですが、最高裁になってから、旧控訴審で就いていた弁護人の一人の方が私と同じ事務所だった経緯もあって加わりました。

正直、私が就いていた段階で、今、問題になっているような事案の真相を彼から聞けなかった、聞くことができなかったというのが、私自身の、率直に言って、私のミスだというふうに、ずっと思っています。ですから、この差戻控訴審でもう一度弁護人になることを彼から許してもらえて、弁護人になることができたということで、なんとか、少しでも力になりたいという思いで、弁護に努めてきたつもりです。

それで、最高裁差戻審で、彼の話が変わったんじゃないかという点について簡単にご報告をさせていただきます。

強姦目的と殺意のところを分けて説明しますが、まず強姦目的について。

まず、さっき安田弁護人のほうから説明があった、各アパートの棟を回っている。我々、個別訪問というふうに言ってますが、この目的について、新聞報道を見ますと、ずっと、強姦目的で、強姦の相手を物色するために回っていたというふうに言っていたのに、突如、最高裁になって違うことを言い出したじゃないかということが言われていると思います。ただ、実際には、捜査段階でも、住人の人と話をしたいという思いがあったということも、供述調書の中に一部出ています。また、一審、山口地裁の裁判での彼の被告人質問の中では、「人と話がしたい」、「友人と会うまでの時間潰しだった」、「仕事のふりをして気取っていた面もある」と、まさに今彼が述べていることが被告人質問の中で述べられています。

そして次に、被害者の方の部屋に上がったことについても、これまでの報道ですと、ずっと強姦相手を探していたので、まさにその部屋に計画的に上がろうとして上がったんだというふうに言われていますが、山口地裁の被告人質問の中では、部屋に上がったことは予想外だった、予想外に招き入れられて、自分でもとまどったんだ、ということが一審の被告人質問で述べられています。

そして被害者に抱きついた行為、これについても強姦の目的で抱きついたとずっと一貫して言われていたかのような報道になっていますが、実際には、家裁の段階で、鑑別所の技官等の聞き取った内容の中では、抱きつく行為に直接というわけではないんですが、被害者に対して、被害者に甘えたいという気持ちになったということを彼は述べています。これは、今まさに彼が述べているストーリーとそのまま全く同じとは言いませんが、ベースになる部分はこの段階でも彼は述べていたというふうに言えると思います。

次に殺意の点についてですが、殺意について、まず被害者については、一審の被告人質問の中で、「声を出さないでほしい、静かにしてほしいと、そういう中で頭が真っ白になっているうちに、首を絞める羽目になりました」、というようなことが述べられています。

この供述をどう評価するかは、いろいろな考え方があると思いますが、これは殺意を否定している供述というふうに評価することは、私は十分にできるものだと考えています。

また、被害児、赤ちゃんのほうについても、一貫してずっと殺す目的だったというようなことが言われていますが、これも一審、山口地裁の被告人質問の中で、「殺そうとかそんなことは思っていなかった、慰めようとあやしていた、そういうふうにしていると、殺してしまうような羽目になってしまいました」、ということが述べられています。この供述についても、評価の仕方はいくつかあるのかもしれませんが、被害者に対してのものと同様に、殺意を否定する供述と評価することも十分できるというふうに考えています。

そしてもう一つ、殺意との関連で、「被害者が生き返ると思って怖くなりました」、というような話ですね。これについて、なにをそんな現実味のない、ふざけた話をして、というようなことが報道で言われていますが、これについては、被告人質問よりも前ですね、捜査段階の中で、生き返るのが怖かったというようなことはすでに供述調書の中にも出ています。そして一審の被告人質問の中にも出ています。

他もいろいろ挙げだすときりがないぐらいあるんですが、このように、今の差戻審で彼が述べているストーリーは、この断片的な部分、ベースになる部分は、すでにその前から、記録上も現れていたといえるというふうに思っています。

実際に一審の山口地裁はその判断の中で、彼の法廷供述、被告人質問の供述の信用性について否定をする判示部分があります。それはどうしてかというと、結局、その一審の法廷で彼が述べたことが、山口地裁、差し戻し前の広島高裁、そして最高裁が、ゆうに認定できるとしたストーリーと違うことを、矛盾することを述べていたからこそ、一審の山口地裁は、彼の被告人質問の供述内容が一部信用できないというふうにわざわざ判示をしているわけです。このことからも、彼の話が、突如、最高裁で一八〇度変わって出てきたわけではないということは記録上明らかであるというふうにいえると思っています。

私は被告人質問を主に担当したので、ちょっと被告人質問をした感想を若干述べますが、私は彼と打ち合わせをしていて、彼が本当にプレッシャーを被告人質問の前に感じているんだなぁというのを、すごく思いました。彼の立場になってみれば、まさに命がけでしゃべらなければいけないという場なわけですから、ほんとにすごいプレッシャーだったろうと思います。

その中で私は六月、七月、九月の被告人質問で、彼が堂々と、きちんと自分のストーリーを述べたということに関しては率直にすごいなというふうに思いました。それはほんとに自分が被告人質問をして、彼とそういうやりとりの中で、彼があいう振る舞いをして、できたことはほんとにすごいなと、それに少しでも関われたことについては良かったなというふうに率直に思った点です。私からは以上です。

被告の供述と報道の落差

小林　ありがとうございました。それでは今の井上弁護人の報告を受けて、山崎弁護人からうかがいたいんですが、それにしても、供述が変わった部分もありますし、報道されている事実と、差戻審で彼が供述している事実とは違う部分があります。どちらを真実と考えるのか、その理由はどうなのか、ということをお話いただきたいと思います。

山崎吉男　弁護人の山崎吉男です。どういうふうな思いで弁護しているかということを言わなくちゃいけないそうなんですけど……そうでしたね？　事件の依頼を受けたから、事件を処理していると。だから僕は特別思い入れとかない、というと安田先生から怒られそうですけど。ただ刑事事件というのは、国選以外は、そうなんでもかんでも受けません。今、法テラスができたおかげで国選もできなくなったんですけど、素晴らしい安田先生からの依頼なので受けざるを得なかったということで、微力ながらやっております。

それで、どちらの供述が、上告審になって表に出た供述と、それまでずっと、一審、二審での供述が信用できるか、真実か、と言われると、弁護人だから当然、今の供述のほうが真実で、ということになるんですけれど、それは客観的な部分から、明らかにおかしいということでは、一審の証拠から見えるんです。さきほど井上弁護人が、すでに供述は前からあったんだけど、それは表に出てなかっただけだということも、もちろん供述の信用性として、一貫してそういう主張をしたということで信用できるんですけれど、客観的な部分で、特に殺害の行為内容ですね、もう皆さんもご存知の蒼白帯、両手で絞めたのか、右逆手なのか。赤ちゃんのほうでは、紐の索状痕がどういう意味か。そういうことについては多分、後で出ると思いますので、僕のほうでは、強姦、個別訪問、先ほど井上弁護士が言った、強姦の目的についてちょっとお話したいと思います。

先ほど、安田弁護人のほうから、いわゆる地図というか、アパート、マンションのところが見えましたよね。一審の認定事実、強姦目的のところをちょっと読みますので聞いてください。一審判決は犯行に至る経過の第二において、被告人が、

「自宅を出て、右自転車を駐輪していた場所に向かう途中、『美人な奥さんと無理矢理でもセックスをしたい。』『作業服を着ていれば排水等の工事に来たと思って怪しまれないだろう。』と思い、セックスがしたくてたまらなくなった。そして、自転車の前籠に布テープを置いていたことを思いだし、『これを使って奥さんを縛れば、抵抗できないだろう。』『作業服の胸ポケットに差してあったカッターナイフを奥さんに見せてやれば、怖がって抵抗しないだろう。』と考え、自転車の前籠に置いてあった布テープを取りに行き、〇〇アパートを一〇棟から七棟にかけて順番に排水検査を装って呼び鈴を押して回り物色を始めた」

と、認定しています。一審判決が認定する、被告人が抱いた強姦の計画性というのは、美人

な奥さんを強姦するために、排水などの工事を装いながら、カッターナイフを見せて怖がらせ、布テープを使って抵抗させないようにして姦淫すること。こういうふうなのが今までの認定なんですね。

で、今、僕がずうっと読み上げただけで二分ぐらいは読むだけでかかったと思うんですけど、彼が家を出たのが一時四三分、これは先ほど安田弁護士が言ったように、たぶん客観的な証拠からこれは動かないんですね。そして、アパートを、二人を訪問した後、その後、二軒目の方が同じアパートの住人に電話をしているんですけれど、それが一時五二分。だから家を出て二人目の訪問が終わった、少なくともそれ以前に終わったのが一時五二分。九分しかないんですね、その間。わかりますか、言っている意味が。家を出て、それから物色行為のために二軒回ったところが終わったところで九分しか経っていない。先ほど言われたように、家から出て、自転車が置いてあるところまで二分から三分弱ですね。通常、人間は時速四キロメートルで歩くと言われています。それで計算すると、二分五三秒。約三分以下。インスタントラーメンができるかできないかの時間。その間に、今まで強姦ももちろんしたこともない、犯罪行為もしてない。強姦も強盗も窃盗も、原チャリ窃盗もしたことがないのかな。そういう子が、急に、あぁやりたいな、と、セックスしたいなと思う。セックスの経験もないんですね、この子。全然。奥手みたいで。そういう子が、何かムラムラと来たと。セックスしたいなぁと。さらに強姦までしてやろうと。そしてどういう強姦をしようかと。どういう計画を立てようか、と、まぁ、頭のいい子ならそのくらいは二分で浮かぶかもしれない。仮りにですね。さらに、それを実行する決意をしたんですね。

決意するって大変ですよね、いろんなことでも。例えば、初デートでホテルに誘おうかと思うことだけでもですね、いつ、どこで、ラブホテルに行こうかと、声をかけるってものすごく大変ですよね。二、三分で決めて行動できませんよね、普通の人は。たった三分弱の中で、一審判決が認定したような強姦計画を立てて、さらに実行に移ったと。すごい優秀な人間かもしれないんですけど、仮りにそうだとすれば。通常そういうことはありえないという、このことだけで、非常に一審判決の認定事実というのがおかしいというのは、僕みたいな優秀でない弁護士でも、一般の方でもすぐ思うと思うんですね。まずこれだけでおかしいじゃないか。というのがまず一点です。

あともう一点言いますと、強姦ですから、しかも、彼はそんなに柄がでかくて力が強い子じゃない。むしろ中学生に見える。五五歳の今の僕でも、喧嘩に勝ちそうな感じのひ弱な子。彼が仮りにやったとします。襲ったとします。当然、相手は抵抗しますよね。もうむちゃくちゃ物を投げたり、あるいは殴ったり蹴ったりするのが普通ですし、実際に強姦という場合には、やはり、被害者が抵抗して、被害者の爪の中に加害者の皮膚が入っているとか、加害者、被告人もあちこち傷があったり、あるいは被害者のほうも、当然簡単には行為に及ぶことはできないので、殴ったり押さえたりで、あちこち傷があると、暴行の痕があるというのが普通なんですけれど、本件ではそういう形跡が全くといっていいほどないわけですね。殺害についての蒼白帯は少し首のとことにありますけれど、他は一切ないし、被害者のほうの指の爪にもそういう加害者の皮膚は入っていない。

さらに社宅ですので3DK、そこは狭い部屋なんですね。そこにはローボードの上にテレビがあったりいろんな飾りがあるんです。そこの上には整然と物がきれいに残ったままなんです。襖も破れていないし、ローボードにちょっとでもぶつかったりすれば、当然上の物がガチャンと落ちたりするんですが、その写真も証拠であるんですけど、そういうのさえ、きれいなんですね。なにか争った跡の痕跡というのは、せいぜいストーブガードがちょっと歪んでいたり、やかんが落ちてたりという、そういう痕跡だけなんですけど、それは被告人の今の供述に合致している。それだけなんですね。それ以外については、通常ほんとに強姦、つまり襲って、抵抗があったという現場状況では全くないんですね。そういう客観的な状況からも、明らかにこれは、そんな一審判決が認定したような事実ではないというふうに、普通の弁護士でさえ、そういうふうに認定せざるを得ない。

ただ、そうであっても裁判所というのは、一旦自白したら、客観的証拠からも明らかにおかしいと、再審事件でもわざわざ新しい証拠を見つけなくても、今の原審の証拠で十分おかしいじゃないかというのさえ、なかなかひっくり返してはくれません。そういうところが裁判所なので、ほんとに被告人、あるいは被疑者というのは不幸というか運が悪いというかですね、そういうことを日常茶飯事的にやってると思うし、その一つがやはりこの事件だと思います。

少年の供述から何を読みとるか

小林　ありがとうございました。それでは、足立弁護人から、お二人の報告を受けて、弁護団としては、この少年被告人の供述からどんなことが言えると主張しているのか、それを整理してご報告いただきませんでしょうか。それから、どういう気持ちでやっておられるかも含めてお願いいたします。

足立修一　弁護士の足立修一と申します。

私は最高裁の最終段階で安田先生と一緒に弁護人に就任しました。

その理由ですが、初めて被告人と接見をしたのが、今からでいうと二年前の二月二七日に、彼は要するにこれまでの一、二審で認定されている事実というのは、自分の言っていることと違うんだと言いました。

この事件の弁護人に就かなければいけないと考えるに至ったきっかけは、一番初めに、強姦の意思がなかったということについて、それから殺意の問題について、事実が判決で認定されたとは違うと言ってきたことにあります。

このようなことから始まり、事実を明らかにするということが弁護人の使命だと思い、さまざまなバッシングも受けてきていますが、現在に至るまで弁護活動を続けてきていると、こういうことです。


それで、先ほど少年被告人供述の問題について、お二方にある程度整理していただいたわけですが、私のほうとしましては、ここから何を読みとるかということをまとめるということですので、その点について、まず結論から申します。

やはりこの一、二審の認定の基礎となった、捜査段階での自白といわれているものが、どういうふうに出来たかということですが、これは、本人自身が差戻審の公判廷でも述べたように、要するに、作られた自白ということであり、彼が本来言おうとしていたことをねじ曲げて、検察官が極悪なストーリーをでっち上げたということが端的に言えるのではないかと私は認識しています。

どういう経過からこのようなことが言えるのかということですが、一九九九年四月一八日に彼は逮捕されるわけですが、その直後に彼は、本来ならば光警察署に連れて行かれるはずが、マスコミがいっぱいで行くことができず、警察は平生警察署に連れて行きました。

そこで彼からまず一番最初の調書を取っています。

その調書の中で、彼は右手で首を押さえたということを述べています。

それから行為の順番ですが、まず被害者を殺害し、それから被害児を殺害する。それから強姦行為に及ぶと、こういう順番での事実関係での調書が取られています。

ところが、翌日、検察庁に行って、検察官に昨日の話は嘘でしたというような主旨で、レイプ目的を認めさせられる調書を取られます。

それから次の日の四月二〇日に、捜査段階での自白内容にかなり近い原型となるような供述が取られ、彼の自白調書の大筋は固められてしまいます。

四月二〇日の検察官からの調書を取られた直後に、当番弁護士が三〇分だけ接見していま す。

その後も、彼の弁護人が就かないままで、すべての捜査段階の調書が取り終わった五月八日に、もう一度だけ弁護人が接見に入りました。

その間、彼は孤立無援の中で、捜査官の言われるまま、なすがままに自白調書を取られていったということなのです。

その中で、警察は、現場に残っている物証など全部調べています。

私どもが重視した、客観的事実として強姦の手段とされたスプレーの噴霧ということについて、捜査官は、カーペットにスプレーの痕跡があるかどうかを科捜研に照会しています。

しかし、結果は、噴霧したという痕跡はない、こういう結論が出ています。

それを、おそらく捜査官は、四月三〇日ぐらいを締切に、客観的証拠の検証作業をずっと進めていたという経緯からすると、もっと早い時期にわかったはずですが、この噴霧した痕跡がないという結果が、鑑定結果報告書という形でできあがったのが、五月一八日だったわけですが、明らかにこの事実を隠して虚偽の調書を取っていると考えています。

この事件は少年事件でしたので、家庭裁判所に記録を全部送らなければならないということで、スプレーの噴霧の有無の鑑定結果という書類があることを、我々はいろいろ調べている中で分かったわけです。ところが、これが普通の刑事事件であれば、こういう証拠があるということはわからなかったでしょう。

私たちは、警察は、そういう客観的証拠を握り潰してもでっち上げる、これは後で、虚構を作り上げることにメインの話は、法医学者が被害者と被害児の遺体の鑑定をして、そこで遺体の痕跡は、実際に自白に沿うような痕跡があるのかというと、それはないというのが結論です。その点については、後に法医学の関係で詳しく述べてもらいますが、ここでのポイントは、まず、遺体に残された痕跡からわかるその行為の態様の問題と、それから彼が自白で述べさせられていることが客観的事実に合わないということです。

以上のことからすると、彼が捜査官に取られた自白というのは、明らかに虚偽を含むものだと言わざるをえません。

けれどそれを前提にマスコミの方々は、自白が正しいことを前提として、彼がいかに酷い人間かということでいろいろと報道してきました。

これは非常に不公正なことです。当時の一、二審の裁判のあり方ということにも問題がないとは言いませんが、私たちが、二審までの事実認定は誤りであることを発見し、その主張を始めた段階で、事実は何かということにもっと目を開いて、事実を探求するというスタンスでのぞんでいただきたかった、というふうに私は思うのです。

先ほど井上弁護士のほうからも指摘がありましたが、このことは、家庭裁判所段階であるとか、あるいは一審の中でも、彼が言っていることを、注意を払ってよく聞き取れば、彼が殺意を否認している、ないし、否認したいという気持ちがあるんじゃないか、また、強姦の目的はないといいたいのではないのか、こういうふうに読めるわけです。

ところが、こういう重大な事件を起こした人の気持ちということ、特に、彼が、少年であったということからすると、自分がやったこと以上の極悪な事実を押しつけられてもそれに抵抗できません。

特に、彼は、検察官から、死刑にするかどうかというようなこと、自分たちの言うストーリーにきちんと持ってこなければ死刑にするぞというふうに脅されたということを、この差戻審でも述べていました。このようなことを言われた場合に、彼としたら、そのストーリーに乗っていくほうが楽であり、そういう形で次々に供述をしていったというのが真相ではないかと思います。

そしてあともう一点は、少年であるということで、非常に誘導に屈しやすい、あるいは、理詰めの追求をされればそれに従わざるをえないということです。これは一審でのやりとり、被告人質問で検察官からやりこめられる様子や、検察官に引っかけられて事実と違うことを言わされているなどの、経過もありまして、これらのことを踏まえ見ていくと、彼の取調中にどういうことが起こったのかということがある程度わかるような部分もあるのではないかと、そういう意味で、自白というものをもっと注意して見ないといけません。

このことから彼の自白が真実であることを前提に物事を考えるというスタンスは止めていただきたいというふうに私は思っています。

法医学鑑定をめぐって

被害者の法医学鑑定

湯山　はい。ありがとうございました。以上で、最高裁が認定した事実というのが、それまでの証拠の関係を見てみてもおかしいということがわかるということを説明してもらいました。また差戻審となって、言っていることが決して新規に言い出したことではない、というようなことを説明してもらいました。そこで、今度は客観的な観点で、法医学という観点から検討したらどうなるかということを説明してもらおうと思います。

まず、新谷弁護人のほうから、被害者、お母様に関しての法医学の鑑定からの観点からの説明をお願いしたいと思います。

新谷桂　新谷と申します、本件に関わったいきさつは、もともと主任弁護人が最高裁に欠席したということで懲戒請求を受けた件がございまして、その代理人を務めました。その関係で最高裁弁論で特別に席を設けてもらいまして、そこで主任弁護人の弁論を聞いて、これは事実関係に問題があるなと思ったのが発端です。ところがその後に出た最高裁判決は、この事実はゆるぎなく認められるんだと、一審、二審の事実認定を是認した。これはやはりおかしいのではないかなと思ったのが一つの理由です。

それと、本件上告審判決というのは、先ほども出ましたけれども、それまでの量刑基準を変えているんですね。これはやはりアンフェアじゃないかと個人的に思ったのがもう一つです。

たまたま先月、やっぱり最高裁で、二審まで無期だった事件が上告がされて、結論は変わらなかったんですが、異例の反対意見がついたということがありました。その中で一人の裁判官が、「裁判員制度をこれから導入するにあたっては、裁判員が判断しやすいような基準じゃないといけない」という、そういう主旨のことを言いました。簡単に言うと、「二人殺しちゃえば基本的に死刑だ、そうしないと裁判員の判断が難しいからそうしよう」と、多分、そういうことだと思うんですね。本件上告審判決は、明示的にはそういうことは言っていませんが、多分同じことを考えているんだなというのは、僕は、その本件上告審判決を聞いて直感として思いました。それで先月のような反対意見が出たものですから、やはり最高裁というのはそういうことを考えているんだなと思います。裁判員の皆さんが判断しやすいということと、裁判員制度がなければ無期で終わる人が死刑になってしまう、その人の生命というのは、どっちが重要かって考えれば、それはやっぱり憲法秩序の上では被告人の生命だと思うんですね。そういう意味では九九年という昔の事件を題材にして、裁判員制度を見据えたこのような判決の変更をした上告審というのは非常にアンフェアだと考えて、今参加しています。

次に本題に入りますが、法医学、まず被害者、お母さんのほうの件ですが、いろんな論点があるんですが、簡単に説明しますと、要するに被告人が仰向けの被害者の上に馬乗りになって両手で思いきり首を絞めたのか、それとも口を塞いだ右の逆手が顔からすべり落ちてそのまま頸部を圧迫し続けて、そして、死なせてしまったのか、というそういう論点が大きい論点としてございます。

それで、次ページの図をご説明しますと、これは上野鑑定人が描かれた図面だと思いますが、一番左側ですね、被害者からいうと、右頸部、右前頸上部といいますけれども、四本、蒼白帯といわれるものですが、四条の蒼白帯が描かれています。これが被害者の首に残されていた痕。サイズがですね、一番上が一番短くて、約三・二センチの長さ、次が四センチ、

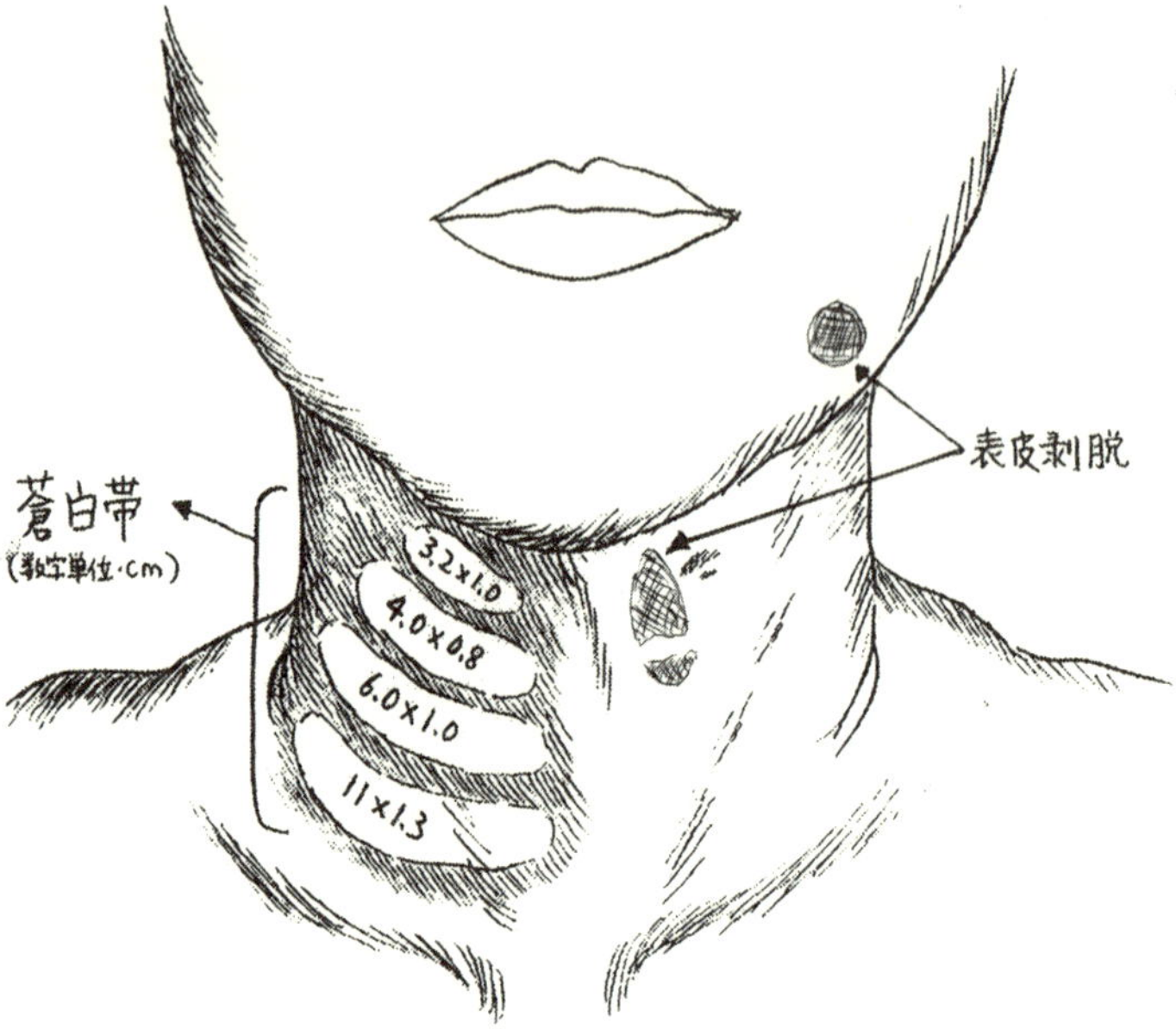

それから六センチ、そして一番下が長くて一一センチと、こんな長さになっています。だいたいこれが縦の幅で一〇センチに満たない範囲内で付いていたと、そういうことであったわけです。

これが、検察側の主張によれば、思いきり両手で馬乗りになって絞めたときの左手の順手の痕だということになります。弁護団の主張によると、あるいは被告人の説明によると、右逆手の痕だということになります。それのどちらが正しいのかが、差戻審で審議されております。

弁護側から嘱託鑑定人が証人として出廷して証言されました。お二人いました。その結果わかったことを簡単に申し上げますと、まずですね、この四条の蒼白帯が、水平なんですね、ほぼ。水平な四条の蒼白帯、これを検察の言うように馬乗りになって形成することができるかという点が一つありまして、左手の上に右手を重ねて馬乗りになって両手で絞めるとVの字になるんですね。上向きになる、つまり水平にならない。このことを上野鑑定人は特に証言されて、馬乗りになったら水平にはならない、Vの字になるだろうということを言われました。そういう意味では、馬乗りで両手で絞めたというのと角度が合わない。それが一つ出てまいります。手の痕がVの字になっています。これは普通にやれば皆さん誰でもこうなると思うんですが、ところが、被害者に残された痕跡は水平になっている。ここが違う。

それから、蒼白帯の長さなんですが、一番上が一番短い。一番下が一番長い。これもですね、左順手でやると、要するに左手の小指が一番下になるんですが、小指は一番短いわけですから、なぜ一番長い蒼白帯ができるのか、これがわからない。合わないということですね。小指と、それに連なる手の平のところも一緒に使ったんじゃないかというそういう考えもあるんですが、ただ、ここはやっぱり厚みが違うんですね。ここに小指球筋という膨らみがございまして、かなり脂肪とか筋肉がありますので、指とだいぶ構造が違う。ですから同じような長い痕にはならないんじゃないかということが一つ言えると思います。

そもそも、扼頸による典型的な扼痕というのは、爪による三日月型の表皮剥脱であったり、指頭による境界不明瞭、類円形、指頭大の限局的な皮下出血や皮膚変色とされているんですね。つまり本件のような長い条痕ではない。なぜそのような形になるかといえば、指の運動というものが、関節を支点としたテコの動きであることと関連しているんですね。しかも、被害者の方に正対して首を絞めたのであれば、これらの扼痕が側頸部にできるはずなのに、そのような部位に今申し上げたような痕跡が見当たらない。これは大野鑑定人が指摘し、疑問を呈されている点です。

それから、あともう一つ大きい点は、両手思いきり絞めているわけです。仮りにあれが左手に対応する蒼白帯だとすると、なんで右手に対応するのがないのかというのが、やっぱりもう一つ大きい疑問としてあります。左右非対称なんですね、この蒼白帯は。その点もおかしい。だから合わないということが、弁護側の鑑定人のほうから明らかにされたと、そういうことがあります。

他にいろいろあるんですが、たとえば、実は被告人は二回にわたって首を絞めたことにされていまして、二回目が今言った両手による首絞めなんですが、その前に両手の親指で、ちょうど前頸正中部っていうんですけど、この、喉仏の辺り、甲状軟骨のある辺りを両手の親指の腹でぎゅうっと白く指先がなるほど押さえたということなんですが、これにあたる傷もないんですね。左右このような形で押せば、ちょうど喉仏のあたりにセットで表皮剥脱のようなものが見当たってもいいんですが、しかも指っていうのはそれなりに大きいですから、粘土なんかをこれで押さえると、だいたい縦三・五センチ、横一・五センチぐらいの痕ができるんですが、そういった大きい傷がセットで見当たっていないというようなことがあって、一回目の頸部圧迫とされるものも、そもそもそんな事実はなかったんじゃないか、あるいは、それを裏付ける痕跡はないじゃないかという点も、鑑定人によって明らかになりました。つま

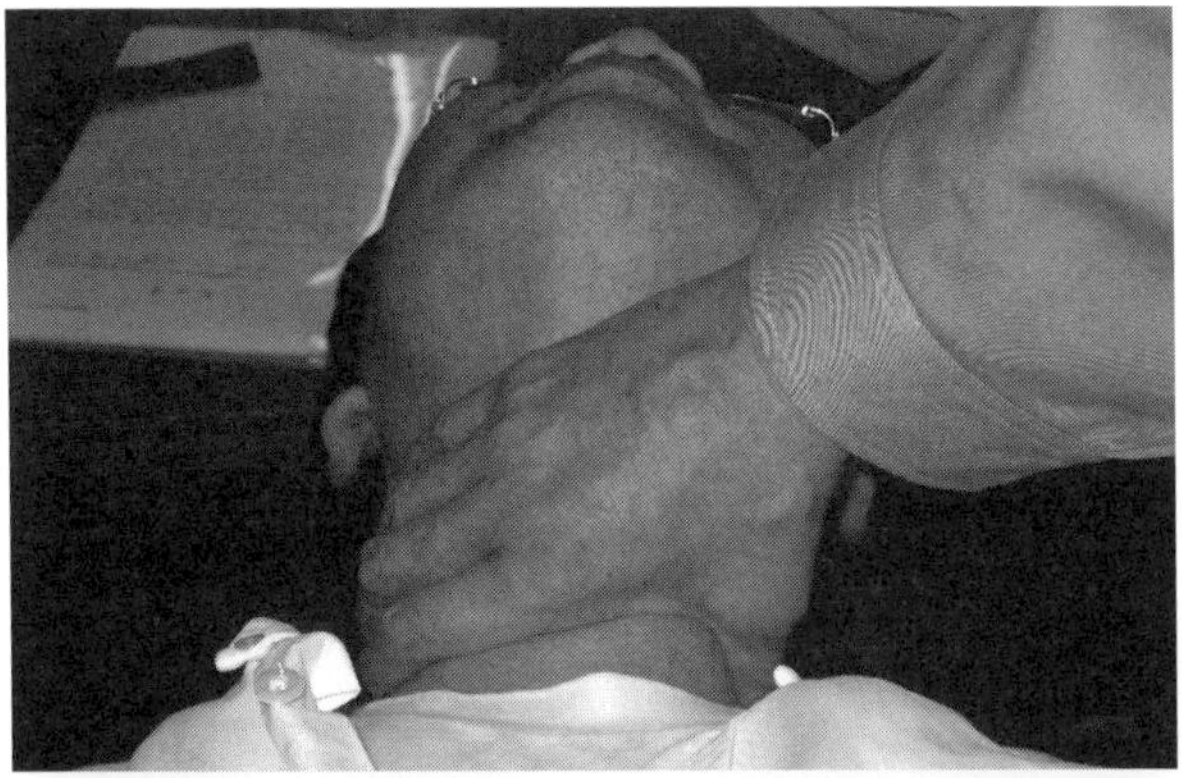

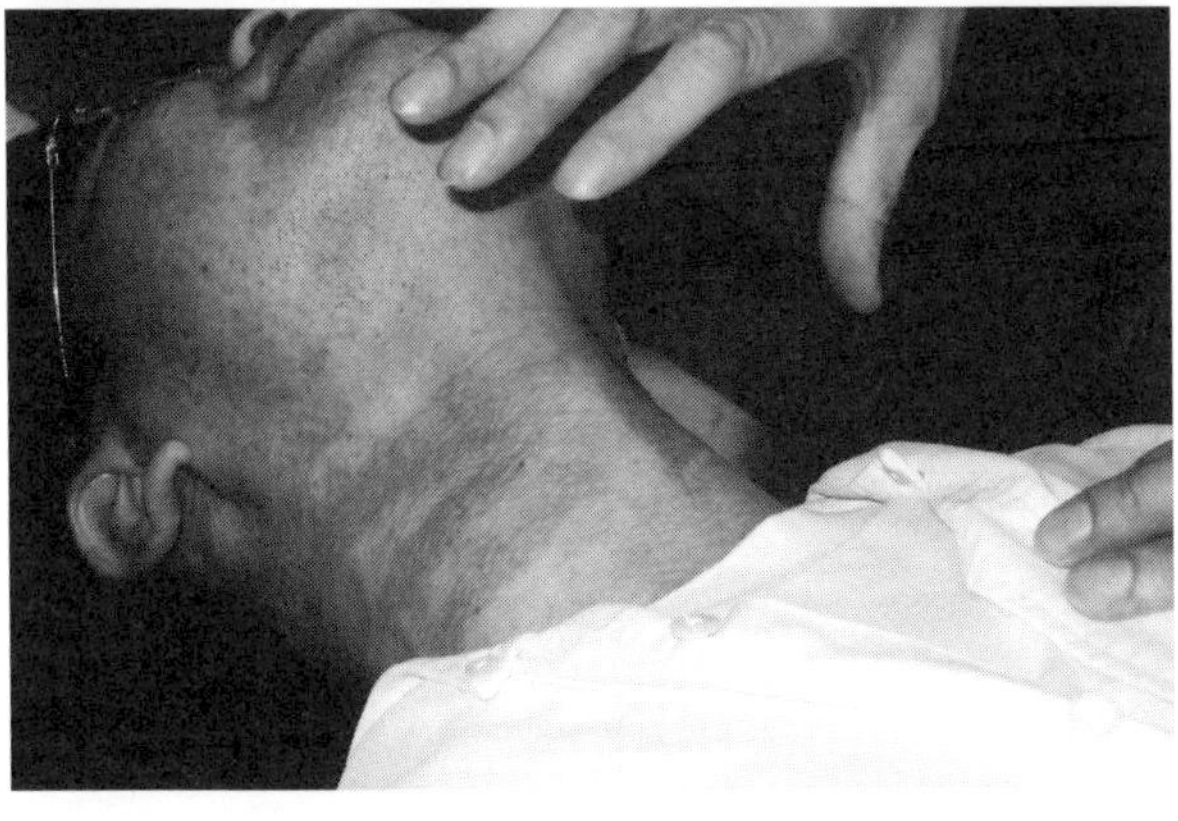

り、常識的に考えても、人を殺そうとするときに、こういう指圧のようなことで首を絞めることはないんじゃないかという気がするんですが、法医学的にもその点が明らかになったということです。

むしろ、先ほどの蒼白帯の長さからすると、右逆手のほうが合う。つまり、人差し指は長いですから、それが一番長い蒼白帯を作った。人差し指というのは、これはだいたい私でも八センチか九センチありますから、で、被告人もけっこう手が大きいんですね。そうすると、手の第一関節、第二関節、その次の関節、これ、MP関節といいますけれども、その辺りまで使えば一一センチぐらいの痕ができるだろうと。こちらのほうは特に小指球筋のようなぶよぶよしたところがございませんので、それぐらいの痕ができるだろうということが、上野鑑定人がおっしゃったことでございます。

そういうことで、むしろ、われわれの主張のほうが正しいということを明らかにすることができたと思います。

結局、両手扼頸というのは、典型的な殺害行為といわれれば、まぁそういう面もあるんですが、右手によって押さえるということは必ずしも殺意とは結びつかない。ですから、ほかの供述などとも照らし合わせて殺意はないんじゃないかという主張になっていくわけです。

被害児に関する法医学鑑定

湯山　ありがとうございました。それでは被害児、子どもさんのほうに関しての法医学の鑑定からの検討をしてみるとどうなるでしょうか。松井弁護人、お願いします。

松井武　はい。先ほどからスクリーンに実験の様子が映されている、あの被験者は、私です。それはともかくとして、事件への関わりということについて、「弁護士だから」と、某事件のときにも、なんでそういう事件を受けるのかというふうに言われると、私は必ず「弁護士だから」と答えることにしております。その意味については考えればいろいろあるかと思いますけれども、ここではこれ以上のことをお話してもしょうがないかなという感じがしますので、本題のほうに入っていきたいと思います。

お子さんのほうについてですけれども、もともと判決、判示は、殺害を決意したあと、彼がお子さんを床に叩きつけるなどした上、同児の首に持っていた紐を巻き、その両端を強く引っ張って締めつけ、それで窒息死させた、というふうな裁判所の認定になっております。

この認定の根拠になったのが、彼の捜査段階での供述です。その供述は、大きく三つあります。一つは、お子さんを、彼の頭上から床に後頭部から仰向けに思いきり叩きつけたという供述、それから、お子さんの首を両手で絞めたという供述、それから、お子さんの首を紐で二重に巻いて、力一杯引っ張って首を絞めたと、この三つです。いろいろ出てきますけれども、供述の中で、この判決の根拠になった点を指摘するとすれば、今言った三つの捜査段階の供述でもって認定されたんだろうということになるかと思います。

もともと事実というのは証拠によって認定されなければいけません。今回その証拠というのはいろいろ記録の中には出てきておりますけれども、彼の供述がもちろんあります。ただ、たとえば人が死んでいるという事実に直面した場合、いろいろ痕跡が残っていると普通は思ってもらって構わないと思うんですけれども、その痕跡を丹念に分析していくことによって、どういうふうなことが行われたのかということがわかると思います。その死体に残った痕跡を法医学の観点から分析をしております。それは裁判所に出てきた証拠の中での法医学の鑑定が、意見書という形ですけれども出ております。ただ、それが、実際に適切なのかどうか、あるいは彼の供述とあっているのかどうかを、十分に検討しているのかということで、再度弁護人としては、法医学者に頼んで、お子さんに残った痕跡を分析してもらいました。

そうしたところ、彼の捜査段階の供述は、すべて否定されました。つまり、お子さんを彼の頭上から、彼自身が、床に後頭部から仰向けに思いきり叩きつけたということは、お子さんに残っている痕跡から否定される。思いきり叩きつけた痕跡がないということなんですね。そういう痕跡がない以上、思いきり叩きつけたというふうな犯行態様は否定されるだろう。

それから、お子さんの首を両手で絞めたという彼の供述がありますけれども、お子さんの首の部分には絞めることによって生じた痕跡はありません。

それから、お子さんの首を紐で二重に巻いて、力一杯引っ張って首を絞めたというふうに彼は捜査段階で話をしておりますけれども、二重の索状物、絞めたものの痕跡がありません。力一杯首を絞めた痕跡もありません。絞めるということは紐と紐が交差します。交差部に痕跡がありません。

ということは、彼が捜査段階で話をした供述は信用できない、もう少し客観的な事実に立ち戻って事実を認定しなければいけないだろうというふうに、記録を読んだり、あるいは法医の先生から話を聞いたりして、そのように感じた次第です。

それから、巷間話題にのぼっています、蝶々結びということについてですが、弁護人が何でそういうことを言うのかと、そういう批判がよく言われております。事実です。事実を主張するのが弁護人です。その事実に従って、裁判所は認定しなくちゃいけないし、物事を判断するときはそれに基づいて考えていかなくてはいけないというふうに思っております。ありとあらゆる事実、この被害者、あるいは被害児に残っていた痕跡、それを全て出して、そこから事実を見極めていかなければいけない。これは弁護人にとっても裁判所にとっても検察官にとっても当然やるべきことだというふうに、少なくとも弁護人は認識しております。

実験の結果なにが明らかになったか

湯山　ありがとうございます。今の松井弁護人の話の中にもあったとおり、弁護団のほうではいろいろな実験を行いました。その実験をなぜ行ったのか、そしてその実験の結果、何が明らかになったのか、新川弁護人のほうからよろしくお願いします。

新川登茂宣　弁護士の新川です。私はこの弁護団に入ったのは、広島の本田団長のほうから入ってくれと言われ、何も知らないで入ったわけなんです。多くの時間とお金を注ぐ形になったんですけども、それらをはるかに超えるいいものを私は学ばせてもらいました。実は今回の弁護団の、広島県以外の、他県の弁護士を私は以前、一人も知りませんでした。初めて彼らとこの事件で出会いました。他の事件でもいろいろ弁護団を組んではやっているんですけれども、この弁護団は特有のものを持っています。

まず、いろんな年齢差があったり、司法試験に合格した時期も違ったり、いろいろあるんですけれども、すべての人が、何が真実かということで、自由闊達に議論していました。そしていろんな議論が分かれている中でも、最後には、一つに自然にまとまっていったということです。非常に気持ちのいい弁護団会議でした。だから、土曜日、日曜日にあるんですけれども、それで家族は抜けることに不平は言うんですけれども、弁護団会議は非常に気持ちのいいものだから、次にいつあるかなということを楽しみにしていたぐらいです。そういう意味で、この事件からは、私は個人的には得るものが非常に多かったということです。

おそらく実験をもっぱら私がやるようになったのは、私が工学部の出身であるからというのが基本的にあるんです。実験の目的というのは、結局、検察官の主張する犯行の形態が、残った遺体の痕跡と果たして一致するんですかということの問題です。これについては、別個鑑定書のほうから出ているんですけれども、どうしても文字であるので非常に理解しにくい。やはり映像で、平面より立体であれば、さらに人が容易に理解できるということで実験を行うことになったわけです。

先ほどの実験で松井弁護士のほうが生身の体で行われて写真を撮られていましたけれども、頸部の圧迫というのは松井さん自身が大変なことになるかわからないから、当然手加減して、おそらく蒼白帯がわずかに付くぐらいで、圧迫行為を止めていたんだろうと思います。

それでこちらが考えたのは、被害者の実寸の頸部を粘土で作って、それでもって検察官の

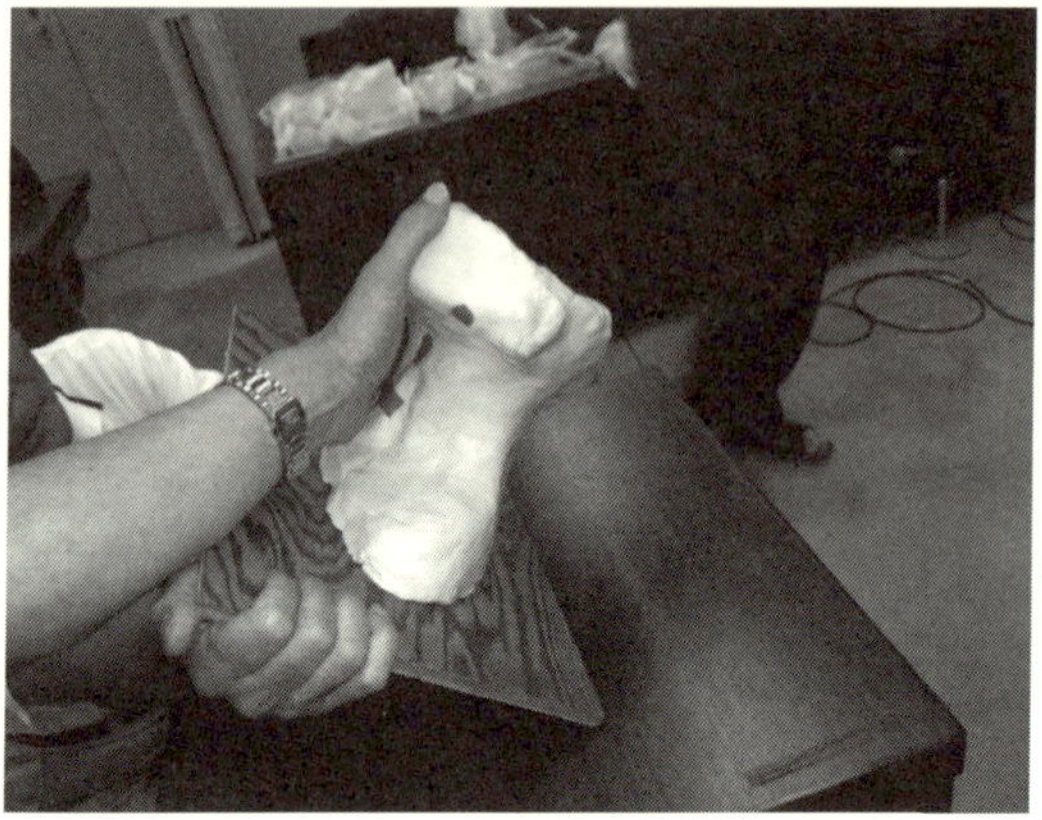

いう犯行形態を、そのまま手を添えてどうなるかということを実験したわけです。

実験はこちらが差戻審で主張している形態と、検察官の主張する犯行形態の両方の形態をやはり実際にやってみたわけです。それで痕跡と関係はどうなるかということで、一番大きな問題になったのは、被害者、お母さんのほうなんですけども、被害者の左顎下の直径一二ミリの円形の痕跡、表皮剥脱といわれているものが、どういう形で形成されたのかということになるわけです。当然、検察官のほうの主張は、まず、左手を下に置いて、その上に右手を置いたというんですから、左手の親指が、あのきれいな円形のものの痕跡を残したんだという主張になるわけなんですけども、弁護団の主張はそれより以前のスリーパーホールドのときに作業服で着ていた左袖口の留め金、直径一五ミリのものが当たってできたんだという形を主張しているわけです。そのためにその実験を行ったわけです。

ここで、一番問題になるのは、検察官の主張する左手だと、四本の蒼白帯は少年から見て左上がりになる必要があるということです。というのは、人の手の人差し指と親指との間の角度の拡がりには限界があり一八〇度も拡がることがないことに照らすと、四本の蒼白帯が左上がりの場合のみ少年の左手の親指が円形の痕跡部に当たる可能性があるからです。しかし、実際は四本の蒼白帯は左下がりであり、左下がりだと前ページの写真のように少年の左手の親指は被害者の口元辺りに来て、決して、円形痕跡部に来ることはないわけです。四本の蒼白帯の形状から推論できるこの結論を粘土の塑像による実験で誰でも容易に確認することができるようになったわけです。

もう一点は、遺体の左顎の表皮剥脱の痕跡が直径一二ミリ、ところがボタンの直径は一五ミリなんです。一五ミリで押したものが、それを取り除いたあと、どうして一二ミリに縮まるのかという問題があるわけです。弁護団としてはこの問題をどうしても克服しなければならなかったのです。それで、この点も実験で実証することにしたわけです。

まず、方法は、人の肌は弾力性がありますよね。皆さん、さわればすぐわかる。それで非常に柔らかい、伸びる、これだけの素材の性質を持った材料はどこにあるでしょうかという問題です。生身の人の肌を入れると、表皮剥脱が起きるほどやれば大変なことになるので、どうしても非生命体のものを選ばなければならないわけです。

それで、最初ここにあるスポンジ状のものですね。これ、完全に弾力性がありますね。だけど、弾力がすぐ伸びるんですけれども、流れがない、流動しない、押さえてもそのまま伸びるだけ。こういう材質では一五ミリのものを押せば必ず取り除けば一五ミリの痕跡が残ります。しかしこれは皮膚とは全然違う素材です。で、我々は、非生命体ですけれども、もっとも皮膚に近い素材のものを探すことをしたわけです。それが今出ている素材です。ゲルというものです。これはよくフィギュア、小さな人形などで、ぐっと握ってもすぐ元に戻る、非常に柔らかい素材としても使われたりしていますけれども、これはクッション材です。重たい物を上へ置いたときに、床などが傷つかないように、そのようにその下に敷くものです。これも弾力性があり、収縮性があり、押せば圧迫されたところがずっとへしゃげて広がっていく。これが我々が見つけた最も皮膚に近い素材だったわけです。

我々はこの素材に、ここに直径一五ミリぐらいのアルミの円柱棒がありますけれども、これをまず押しつけるわけです。押しつけたあと、そのままの状態で、円ですから、直径がはっきりわからなければ、正確な直径の長さを固定できないので、待ち針で打ったわけです。その後、それを取り除くわけです。そうすると、この平板に植え込んである二本の針の平板の根本の距離を計れば先ほど固定した直径の長さが取り除いた段階でどれだけの長さになったか測定すればわかるわけです。

だから、まず最初にやったのが直径二五ミリの円柱棒です。それをまず平板の上に押すわけです。左上の写真が押した状態です。押しつけた深さは約五ミリです。それで待ち針を打ってますね。それでそれを取り除いた場合の待ち針間の長さを計ったところ、二五ミリの直径が二一ミリになっています。

次は直径一五ミリのアルミ製の円柱棒なんですけれども、これも同じようなやり方で、やはり、ただ、先ほどは二五ミリから二一ミリでしたけれども、これは一五ミリから一二ミリになります。最後に我々が主張している直径一五ミリのボタンですが、そのもので実験をやってみました。その結果、やはり一二ミリとなって、先ほどの一五ミリのアルミの直径が一二ミリになったと同じように、一五ミ

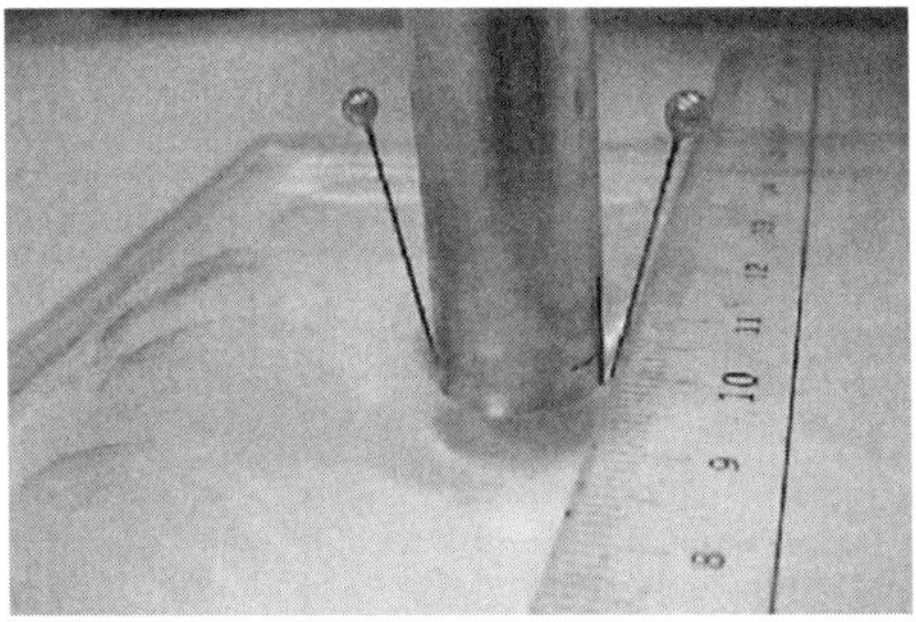

アルミ製円柱棒を平板に約５mm押し込み、アルミ製円柱棒の直径両端に針を刺しその直径15mmの長さを固定した状態

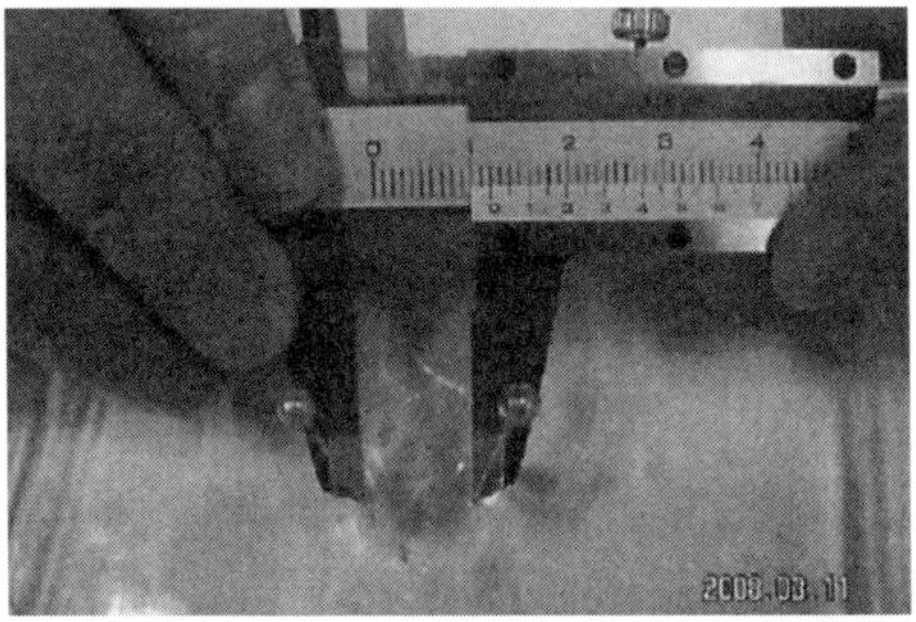

アルミ製円柱棒を平板から取り除いた際に残った前記差し込まれた両針の間の距離は12mmであり、直径15mmより3mm縮んだ

リのボタンサイズは一二ミリになりました。これで我々は、一五ミリのボタンを押しつけても、それを取り除いたあと、一二ミリの円形の痕跡が残っても何ら不思議ではないと確信した次第であります。

このように実験というものは、しかもこの実験はどなたでも同じ素材を使えば同じ結果が出るというので、何度でも再現性があるということです。このようにして、実験によって検察官の主張に対する反証と、当方の主張するものの証明ができたわけです。

ボタンを平板に約5mm押し込み、ボタンの直径両端に針を刺しその直径15mmの長さを固定した状態（ボタンを直径15mmアルミ製円柱棒で平板に押し込む）

検察の反論について

湯山　ありがとうございました。我々弁護団のほうでは、法医学の観点、あるいは、実験の結果などで、いろいろ多くの主張をしているわけですが、その中の一部ということで紹介させていただきました。ただ、それに対し検察側は反論をしております。検察側が立てた鑑定人が主張している点に関して、どのようなものであるのか、また、それがどのように考えられるのか、河井弁護人のほうからよろしくお願いいします。

河井匡秀　弁護士の河井匡秀と申します。事件との関わりですが、最高裁までが認定した犯罪事実というものが客観的事実と違っているというふうに確信したからです。また、そういうことによって、一人の人間が裁かれようとしていることは許されない、と考えたからです。

検察側の法医学についての鑑定につきましては、石津証人という方が出てきております。石津証人の主張は、一言で言いますと、可能性の羅列と机上の空論しかない、というふうに考えています。

まず、被害者の女性について四点、たくさんあるんですけれども主要な部分を四点、申し上げたいと思います。

一つが先ほどから出ている両手の親指を被害者の女性の首の真ん中のところにかけて、指が白くなるまで、全体重をかけて圧迫したということですが、これについての痕跡がないということは石津証人も認めているわけです。ところが、痕跡が残らない可能性もある、という言い方をするわけです。これはいろんな仮定で、力を入れなかったんじゃないかとか、あるいは、被害者の女性が動いたからじゃないかとか、いろんな仮定を付け加えるわけですが、そのようなことは、一切、自白調書には出てこないわけです。事実を勝手に作り上げて仮定に基づいて可能性を言っているだけにすぎないということです。

第二点目が蒼白帯の件です。上野鑑定書に出ている図面ですが、この被害者の女性の首の右側に四本の蒼白帯があります。これが被告人の自白と角度、あるいは位置が合わない、ということは先ほどから出ていると思います。これについては実は石津証人も認めているわけです。しかし位置が合わない理由について、こういうわけです。被害者の女性は抵抗したと。抵抗して首を左右に振ったりして動かしたので合わなくてもいいんだ、こういう言い方をするわけです。

ここで皆さんに蒼白帯の生成機序を考えていただきたいんですが、手で右肩を押さえていただきますと、ぱっと離すと白いところができますね。これが蒼白帯です。もちろん人間が生きていれば血流がありますから、またこれはすぐに戻るわけですけれども、蒼白帯が白いままで残ったということは、この手が置いてあった状態のままで亡くなった、生体反応が消失したということですので、死亡されたときにあの蒼白帯の場所に手があったと考えざるを得ないわけです。これは法医学の見地から、それ以外あり得ないわけです。

そうするとどんなに首を動かしたとしても、あの蒼白帯の場所に指がなければ蒼白帯はできないわけです。人間が首を絞められて亡くなるまでの時間は五分から約一〇分というふうに言われているわけですが、五分から一〇分の間、あのような形で絞めなければ蒼白帯はできない。ですから被害者の方が首を動かそうが抵抗しようがということは、蒼白帯の位置については全く関係がないわけです。この点について石津証人は完全な誤りをしているということです。

三点目が一番下の蒼白帯なんですけれども、非常に長いわけですね。左手の順手だとすると小指になりますから、一番短くなるはずなんですけど、石津証人は掌の小指の付け根の部分が当たって蒼白帯ができたと、こういうわけですね。皆さん、触っていただければわかると思いますけれども、この掌の部分というのは非常に柔らかいわけです。ですから堅い部分ではありませんのでこのようなきれいな蒼白帯は付かないということになります。これについては弁護団は実験をしておりまして、先ほどから出ている生体実験と言っているものですけれども、あのような蒼白帯はつかないということは、我々は実験で確認をしておるわけです。

実験の写真で縦長に少し白い部分があると思いますが、このような不整形の、むしろ縦長の蒼白帯ができるわけでして、左に水平の長い蒼白帯はできないということを我々は実験で確認しています。石津証人にそのことを確認しても、「いや、別に実験はしておりません」

ということで机上の空論に過ぎないことはあきらかです。

四点目ですけれども、もう一回、上野鑑定の図面に戻っていただきたいと思います。石津証人はこう言うんですね、Cの蒼白帯とAの、ここに少し皮膚が削れた部分があるんですけれども、これが同時にできたと言うんですね。皆さんも実際やっていただければわかると思いますけれども、Cの部分に人差し指から小指まで、Aの部分に親指を置いて絞めて、Aの傷とCの傷が出来たというんですが、これで果たして首が絞められるでしょうか。ご自分で試していただければわかると思うんですけれども、この状態で首は絞められません。要するに頸部を圧迫することは全然できないということはわかっていただけると思いますが、これを我々は先ほど言った、新川弁護士の粘土の実験で実証したわけです。首を、頸部を圧迫することはできないと。これについて石津証人は、やはり実験はしていないということで、机上の空論にすぎないことは明らかであると思います。

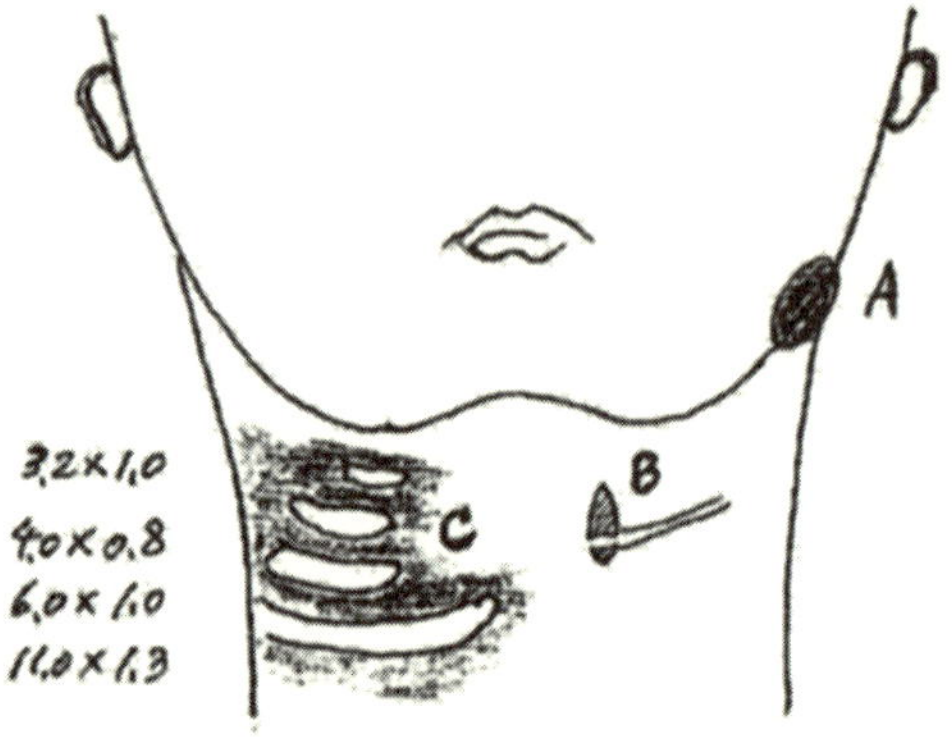

次に被害者の赤ちゃんのことについて述べたいと思いますが、これも四点述べたいと思います。

一点目が被害者の赤ちゃんの叩きつけです。自白では約二メートルの高さから思いきり下に加速度をつけて叩きつけたということになっておりますけれども、通常そういったことであれば、常識の範囲内のことだと思いますが、クモ膜下出血とか梗膜下血腫とか脳浮腫、要するに脳の腫れ上がりですね、こういったもの、重篤な障碍が生ずるはずであるわけです。それが全然存在しないわけですね。石津証人もそういった重篤な障碍が発生しやすいと、発生する可能性が高いということは認めるんですけれども、発生しないこともあり得ると言うんですね。要するに、時々新聞記事になりますけれども、マンションの二階から赤ちゃんが落ちて傷を負わなくて無事だったという奇跡的なニュースがあると思いますけれども、そういうことを言い出したらきりがないわけですね。いったい何のための刑事裁判なのか、何のための法医学鑑定かということになると思います。

第二点目が首絞めなんですけれども、赤ちゃんの首絞めにつきましては、手で首を絞めたという痕跡が全然ないんですね。これについては石津証人もやはり認めるわけです。その痕跡はないと。しかし、痕跡がつかないこともあり得ると言うんですね。なぜかというと、やっぱり十分力を加えなかったからかもしれないし、手がうまく、疲れていて使えなかったかもしれない、こう言うんですね。これも自白には全然出てこないです。自白には殺意を持って首を絞めたというふうになっているわけです。そういう状態で力一杯体重を乗せて絞めれば痕跡が残らないはずがないじゃないかというのが、こちらの主張で、これも石津証人は机上の空論と可能性の羅列にすぎないことがおわかりいただけると思います。

次に第三点目なんですけれども、紐で赤ちゃんの首を二重に巻いて絞めたというふうになっておりますけれども、力一杯絞めたとき、先ほど申し上げたように、五分から十分ぐらい絞めないと人間というのは死なないわけです。そうしますとその間ずうっと絞め続ければ、当然、紐と皮膚がこすれますから、その部分で圧迫もされますので皮下出血や皮膚が削れたりしなければおかしいわけですが、これについても石津証人は結局、そうならないこともあり得ると言うんですね。なぜかというと、その紐の力が均等にかかるからだと、こういうわけです。しかし、紐の力が均等にかかるのなら、均等な形で傷が生じるはずです。ところがこの被害者の赤ちゃんは右の前頸部は痕跡が実はないんですね。均等にかかったはずなのになぜ赤ちゃんの右前頸部の痕跡がないんですか、と、こう聞いたところ、石津証人は、「そこまではわかりません」と、こういうふうに答えるわけです。結局、石津証人の発言というのは、論理的に破綻しているというほかないわけです。

すみません、四点目を言おうと思ったんですけど、もう時間がありませんので。結局、我々がやっていることについて、「重箱の隅をつつくな」、と。「いったい何だ」と。「そんな細かいことに何の意味があるのか」と。結局、二人の方が亡くなっているわけですから、「結局、何の意味がお前たちの言っていることにあるのか」、このようなご批判があるかもしれません。この点について四点、申し上げたいと思います。

まず第一が、我々が生きている社会というものは近代的な民主主義国家、法治国家であるわけです。人一人の人間を裁いて、しかも死刑にしようかどうかというときに、間違った事実を前提にすることは当然許されないはずですし、事実をきちんと解明することが大前提になるはずであると思います。これは根本的な問題ですけれども、そういった事実をきちんと明らかにすることが必要であろうというふうに考えています。

第二点目が、最高裁の判決が認定したゆるぎなく認めることができると認定した犯罪事実ですけれども、それが間違っているということは今までのご説明でご理解いただけたかと思います。少なくともそういった主張を弁護団はしております。そうしますと、最高裁が前提とした事実が異なっているということですから、特段の事情がないかぎり死刑を適用するほかないと最高裁は言っているわけですけれども、前提とする事実が間違えているわけです。そうするとその最高裁の判決自体がその意味を失うわけです。要するに最高裁の判決の拘束力がなくなるということです。今までの証拠関係で、差戻控訴審は、自らの裁量でいくらでも自由に事実認定ができる状態であると考えています。ですから最高裁の拘束力がなくなるということが二点目の大きな問題です。

第三点目が、先ほども出ましたけれども、いわゆる右逆手での首を絞める行為というのは、定型的な殺害行為ではないという点です。皆さんもドラマなんかで見ると思いますけれども、両手の親指で首を絞めたりとか、両手の全体で首を絞めたりということは、殺人のシーンでよく出てくると思います。これは確かに定型的な殺人行為です。両手の全体で首を絞めているのに、殺す気はなかったというのは、ちょっとそれはどうだろうというふうに思います。しかし、右逆手で、普通、人は、人を殺そうと思うでしょうか。これは極めて特殊な、いわば、非定型的な殺害行為ということになるわけですね。ドラマなんかでも逆手で人を殺人するシーンというのは、私は見たことがないのですけれども、右逆手で人は、普通、人間を殺そうと思ったりはしないわけですね。ですからそういったことで、被告人が実は自分は殺す気はなかったんだということは、もう一回根本的に、殺意があったのかという点から考えなきゃいけないというふうに考えています。

あとそれから紐で絞めたということですが、紐で強く絞めたという事実はないわけです、赤ちゃんを叩きつけたこともない。そうすると結局、蝶々結びをされた状態で赤ちゃんは見つかっているわけですけれども、被告人はその行為しかしていないと考えざるを得ないわけです。これも蝶々結びで緩くしばったということは、やはり非定型的な殺害行為といえますので、やはり殺意が根本的に問題とされなければならない、ということです。

四点目ですけど、そうはいっても、五分とか十分ぐらい絞めなければ死なないんだろうと、だとしたら結局、殺意があったと言うしかないじゃないか。こう言われるかもしれません。しかし、殺意があったとしてもそれは確定的なものではなかったのではないか。法律用語では「未必の殺意」というんですけれども、非常に曖昧なものでしかなかったんではないのかと考えられるわけです。

今までの最高裁の判決、認定では、確定的な殺意を持って二人の人間を殺したと、こうなっているんですね。しかし、仮りに殺人であったにしても、殺意があったかどうかも極めて曖昧な状態での行為だとすると、当然そこは悪質性とか残虐性に影響してくるわけです。従前の最高裁の死刑の適用基準では、犯行の罪質、態様、あるいは故意はどの程度の故意だったか、計画性はあったか、こういった点を総合的に考えた上で死刑の適用を許される場合もある、こう言っているわけですね。ですから、ただ二人の方が亡くなっているというだけで死刑を適用していいのではない。どういう気持ち、心理状態、殺意は確定的なものだったのかそうではなかったのか。そういったことを総合的に考えて死刑の適用を決めなければいけない、ということですので、本件について言えば、仮りに殺意があったとしても、極めて曖味なものだったとすれば、死刑を回避する十分な事情になりうる、というふうに考えております。

小林　これで一応二つのシンポジウムを終わりまして、一旦休憩に入りたいと思います。

犯行の計画性はあったか

犯罪心理鑑定と犯行の計画性

小林　犯行の計画性、犯罪心理鑑定を含めた犯行の計画性をやっていきたいと思います。

最初に大河内弁護人に今回の犯行の計画性はどうして問題になるのか、これは検察側の主張との関係で弁護人がどのように評価し主張しているのかという点をお話しいただきたいと思います。

大河内秀明　大河内です。私がこの弁護団に入ったことからまずお話ししますと、実は私は横浜で起きた強盗殺人事件の、有罪であれば死刑になる可能性の高い、無実を主張している被告人の弁護を二〇年間やっているんですが、その間、警察での証拠の捏造、検察官が被告人に有利な証拠を隠して弁護人に見せない、あるいは裁判所がいろいろな弁護人の主張に対してこれを無視するというような、権力が牙をむいたときの恐ろしさを経験するところが多かったものです。それで刑事法の東大の平野龍一元総長が二〇年くらい前に日本の刑事裁判はかなり絶望的であると言ったことを、体験によって身に染みて知っておりますので、そういう目でこの事件を見ておりましたが、この事件は上告審の最高裁の審理の始めから期日の指定を強引にしようとしたり、あるいは判決で犯罪事実は揺るぎなく認定できるとか非常に強引な審理の進め方をしているというふうに痛感しました。

そういう無理をしている事件というのは非常に怪しいというかおかしいことがあるものですから、この事件もおかしいんじゃないかと強く感じたわけです。それで弁護団に入ったわけですけれど、審理が終わって、いま判決を待つ時点において、私の直感が正しかったといまは確信しています。そういうことをまずはじめに申し上げて、加藤幸雄教授の犯罪心理鑑定に基づいて、犯行の計画性との関連についてこれからお話ししたいと思います。

本件犯行が偶発的なものであるかどうかということと、この点は非常に密接に関連しております。この少年は父親の虐待で、母親も父親からドメスティック・バイオレンスを受けて、お互い被害者共同体のような共同関係にあって、少年が母親に、母親も少年に対してお互いが依存する関係がありました。ところが少年が十二歳、中学一年生の時に母親が自殺すると、その共依存関係の相手が失われたわけです。それが少年の精神状態に非常に大きな衝撃を与えます。加藤鑑定書では、精神科医の野田正彰教授の精神鑑定書でもそうですが、その時点で精神的な発達が停留した、止まってしまったというように述べておられます。

その結果、犯行の端緒となった排水検査で被害者宅を訪れたときに、意に反して中に招き入れられたというところで、少年は非常にとまどいを覚えるわけです。現実がそういうようになった時、予期していたことと異なった時、精神的な発達遅滞、精神的成熟度が未熟であった少年は十分な現実を論理的に判断して検討する能力、精神医学では現実検討能力という言葉を使いますが、これが未発達であったために狼狽してその場でどういうふうに対処していいか分からないという状況に陥るわけです。そういう混乱した状態、混乱という言葉も精神医学の用語で、パニックになった状態を指すわけですが、パニックになった少年の精神心理状態はその時にどう対処していいか分からない。その時に甘えようとして抱きつこうとした時に猛烈な反撃を受ける。これは当然でありますが、その時に我を忘れる。自分をコントロールする力、すなわち自己統制力が非常に乏しいわけです。そういうところからこういう重大な結果をひき起こしてしまった。それは決して計画的な犯行ということではなくて、予期に反して中に請じ入れられたことからどんどん事態を悪化させていった、偶発的な犯行ではなかったかということになるわけです。

そういう意味で犯罪心理鑑定と犯行の計画性ということについては密接な関連性があるというふうに言えるわけです。それで一審も二審の判決も言っていますが、少年の生育環境に問題があったと、少年は犯行当時未熟であったと、一八歳と三〇日であったと。一八歳未満の少年には死刑を科してはいけないというのが少年法五一条の規定です。暦の年齢では確かに一八歳を超えていますが、野田鑑定書でも加藤鑑定書でも実質的年齢は一八歳には届いていない、一二歳のところで停留している。

これは加藤鑑定書で初めて出てきたわけではなくて、少年鑑別所、家庭裁判所の調査官の少年を調査した、鑑別した結果にも出ている。それを検察官は、生育環境は犯行に至る過程の一つの要素にしか過ぎないから、それを重要視した加藤鑑定は偏っているというふうに言っているわけです。しかしもし少年法五一条が暦の上で一八歳になれば機械的に死刑を科していいというふうに考えているとすれば、それは五一条の立法趣旨に反すると思うんですね。少年は生まれた時は無垢な状態でみんな生まれてきます。家族をはじめ社会のなかでだんだん自立心を養っていって、社会的な規範を身につけて社会人になっていくわけですからその発達が一八歳までは修養期間として認められていると。このように考えられるので、実質的年齢も一八歳に達してなければ少年法五一条の精神からいっても死刑を科してはいけないわけです。生育環境がどうかということは非常に重要な量刑基準の要素になるというふうに考えられます。検察官が生育環境を重視しない主張をしているのは私は少年法五一条の精神を正しく理解していないというふうに考えています。
私からは以上です。

少年被告の当日の行動について

小林　ありがとうございました。
続けて村上弁護人にお願いしますが、少年被告人の事件当時の行動について、犯罪心理鑑定をしたことを踏まえた結果、これはどのようなものと弁護団は捉えているのかこの点をお話下さい。

村上満宏　愛知県弁護士会の村上と申します。
私がこの事件に関わったのは愛知で少年の重大な事件がありまして、少年の事件というのは往々にして少年の未熟性という部分をあまり考慮されず、大人の目で物事を見られてしまう。そうしますと事実が非常にゆがめられて実態というのが表に出てこないという特徴があるものですから、私もこの事件をやらなきゃいけないかなあと思っていたときに安田、足立両弁護士から弁護人選任届を早く出せと言われ、出したという経緯であります。やる気はあったのかと言われれば、正直言ってありました。

いま大河内先生がおっしゃったように、この少年の生い立ちからしますと、普通の少年、未熟性、つまり自分の行動をしていきますと今後どうのような行動になるのかという予想能力が著しく劣っている。そしてまた自分がそういうような予想もしないようなことに出会ったときにどういうふうに対応していいのかということについて非常に著しく劣っている。普通の少年事件の典型なのですが、この少年の場合は先ほどの生い立ちが影響しまして、これはまた著しいという部分があります。

事件当日、彼は仕事を休んでおりますが、仕事に出かけたふりをしております。そしてそのまま時間をもてあましたものですから家に一回帰ります。家に帰ったんですが彼は仕事に行っているというふりをしていますので、義理のお母さんが仕事に行きなさいというように言います。彼はその時に精神的に非常に退行状態といいまして寂しい状態であった。であるから義理のお母さんに抱きついて、かれはそれで甘えているんですが、義理のお母さんにしてみれば、早く仕事に行きなさいというようにせかします。

彼はまた、仕事に行く恰好をして外に出ます。しかし友だちと待ち合わせをしていた時間が三時ですのでそれまで一時間二〇分くらいあるわけです。それで彼はどうするかと言いますと、各アパートの部屋を尋ねていくということになります。そこでピンポーンとならして「〇〇設備のものです、排水検査に来ました、トイレの水を流してください」というように言うわけですね。応対された方たちもなんか変だなあという感じで対応されるわけです。変だなーと思っているんですけれど、彼はいま僕が言った言葉をもごもごという感じではっきり言えないんですね。子どもですから。応対された人たちもトイレで水を流してくださいということは聞こえるので、取り敢えずトイレの水を流します。流してから玄関に出ていきます。出てきてから彼はまた次へ回っていくわけです。彼はこういうことをしながら人と接しようという気持があったようです。

このようなことをしていくうちに、全部を回っていくわけですけれど、この段階で検察官は強姦目的で美人の奥さんを物色したと言います。しかし証拠から見ますと、彼がトイレの水を流してくださいと言っているときも、小学生もいます、そして男の人もいます。そしてすごく年輩の方もいらっしゃいます。だから我々にしてみれば、強姦目的で物色行為をしているとは捉えられないと、主張していますし、それは事実だというように言っております。

そして彼はアパート各室をまわっていくうちに最終的に被害者の所に行きました。被害者はその時赤ちゃんを抱いていたわけです。赤ちゃんを抱いて被害者が出てこられて、彼はいままでの方たちと同じように「〇〇設備のものです、トイレの水を流してください」というように言うわけです。

　被害者はご自分の子どもさんを寝かしつける時間ですので、子どもを寝かしつけることに精一杯だったと想像されます。そして彼がなにを言っているか分からない。とにかくトイレの水を流してくれと言っている。そしてまた被害者のお家だけが二ヵ月前に排水工事をしており、被害者の方も彼が作業員だと勘違いされたと思います。だから「中に入ってくださいよ」、ということで彼はトイレに入ったわけです。

　彼は自分がそういう行動をして、中に入るということはおよそ予想もしておりませんでした。しかしそういうときに、いや自分はそういうつもりじゃありません、こうじゃありませんとか言う能力はありませんので、行きがかり上、そのまま中へ入っちゃったんですね。中に入ってトイレに入ります。でも排水検査をするふりをするつもりも全くないんですよ。作業するつもりじゃなかったんですから。でも彼は作業をしなくちゃいけないということで彼は追いつめられるわけです。

　トイレの中に入ってその苦しさで一回外にでております。そのまま自分の家に帰ればよかったんですが、帰らなかったんですね。ここで帰っちゃうと変に思われるかもしれない。自分も作業のふりをしなくちゃいけない。そしてこれがお父さんにばれたら、お父さんに怒られるかもしれない等々、いろんなことを彼は考えるわけです。それで工具を借りれば作業のふりをできるだろうと彼は一旦トイレに入ります。入ってからまたトイレを出て被害者の所に行って「ペンチを貸してください」と言います。そして被害者の方がペンチを貸してくれまして、ペンチを持ってまたトイレのなかに入ってとんとんとんとん作業をするふりをするわけです。彼にとっては、作業のふりをすること自体が精神的にストレスになっているわけです。でも彼は一生懸命これをやって怪しまれないようにしようというふうに行動しているわけです。

そして彼は、ある程度作業をし終わったときに被害者の所に行くわけですね。ペンチを返しに。そして赤ちゃんを抱いて座っている被害者の目の前の机の上にペンチを置きます。ペンチを置いたときに「作業は終わりました」と、言っているわけです。

それで被害者の方がとても優しい言葉をかけてくれるわけです。「ご苦労さま」と。その瞬間彼は自分がいままでふりをしていたことがばれないかという緊張感からまず解放されたということと、あと赤ちゃんを抱いているお母さんを見て、自分の昔のお母さんと同じような甘い感覚になったというのが鑑定なんですけれど、それで後ろから抱きついてしまったわけです。抱きついたときに彼は抵抗されるとは思っていないわけです。しかし、ここでまた考えていただきたいのは、もし僕だったら、大人の僕だったら抱きつくことは基本的にはしない。しないけれども、甘えて抱きつくことをしちゃった場合、抵抗されたら「すみません、すみません」と言う対応を僕はできます。しかしこういう子どもはできないです。ですから必死になって抵抗を抑えようとします。抑えた結果がスリーパーホールドになって首を絞めてしまいました。そしてスリーパーホールドをしたときのボタンのあとが被害者の顔の左顎の辺りにある痕なんですね。先ほど法医学の観点から説明されたと思いますが、スリーパーホールドの時にできてしまったのがその痕なんです。

それで被害者が気絶され、彼は自分の予期もしないこと、自分が対応できないことでまた茫然とするわけです。そして彼女が気絶していると思ったら、突然後ろから彼の腰をめがけてペンチのようなもので反撃されました。その瞬間、彼は後ろを振り向いて彼女の口めがけて手で押さえ込みました。その結果が右手逆手による押さえつけということであります。さきほど法医学で弁護士が説明したのはそのことであります。

この少年が予想することができない、予期に反することばかりが起きて、そしてそれに対応できずに、結果的に重大な結果になってしまったというのがこの事件の特徴でありまして、実は少年事件の重大事件というのはこういうものが実は多いんですね。これを大人の目で見るんじゃなくてこの子どもの生い立ちはどういう生い立ちなのか、そしてこの子どもがそういう能力が身に付いていているのか、いままで経験しているのか、そういうようなことを前提にして考えていくとこの実態が見えてきます。以上が事件の流れの中でぜひとも理解していただきたいと思ったことであります。

殺害にいたる少年の精神の軌跡

小林　ありがとうございました。このテーマの最後に、石塚弁護人にうかがいたいのですが、石塚弁護人は大学の教授という立場もございますので、法学研究者の観点から本件の犯行の計画性という問題が理論的にどんな問題を持っているのか、最高裁の判決を踏まえてお話しいただきたいと思います。

石塚伸一　石塚です。私はこの事件と関わったのは、実は龍谷大学に旧控訴審の弁護人がこられて、「死刑事件になるかもしれないから研究会をやってくれ」と言うので、月一回程度裁判の流れを聞きながらいろいろと相談に乗っていました。その時の方針としては、一審が無期でしたから二審も無期であろうから、事実関係については事細かに争わない。むしろ被害者のご遺族のお怒りを鎮めるにはどうしたらいいかということで、本人にできるだけ反省させようという方向で進めていったわけです。結果的に二審も無期懲役ですから旧弁護人の方針通りいったということになります。

つぎにこの事件と関わったのは、大阪で集会があったときに旧弁護人が私の所にこられて主任弁護人を紹介してくれと言ったので、この方ですよと言ってご紹介をしました。そういう経緯もあったのでこの事件とはかなり早い段階から関わっていて、ただ弁選を出したのは八月でしたので遅れてきた二一人目ということになるわけです。

ここでは研究者の立場で考えていることを申し上げます。まず犯罪に対する責任を問うのは被害者の側から見るのではなくて行為者の側から見るべきですし、見るものです。これは決まっています。二義はありません。つまり行為者がどういうような意志に基づいてどういうような行為をしたかに責任が問われるわけです。被害者サイドから見るときに気をつけなければいけないのは、被害状況から推論して、人が死んでいるんだから殺し方はどうだっていい、という議論になります。

現にこの裁判の中で被害者のご遺族の発言もそういう方向に変わってきています。初期の段階では、「こうこうこういうやり方で殺したから死刑なんだ」というお話だったのが、最後の方になってくると、「ともかく死んでるじゃないですか」というご意見にになってきます。

少年はどうして人を殺害し、なぜ性的な暴行行為を加えているのか、この二つのことが一番のポイントになります。普通に考えれば性的な欲求が非常に大きい若者が暴行を用いて若い奥さんを暴行し、罪証を隠滅するために殺害したと思われるわけですね。だから、殺したのはなぜかと聞かれれば、自分の性欲を満足させた果てに人を殺したんだという理屈になるわけです。整理してみると、殺害行為と性的行為の結びつきにポイントがあります。

似た類型としては財産的欲求、物欲を満足させるために人を殺すという行為があります。これは強盗殺人です。それに対して性欲を満足させるために人を殺害するのが強姦殺人です。欲求の対象が違うだけで行為の暴力性は同じです。学説は、強盗殺人をベースに強姦殺人も考えてきました。そうすると物欲を満足させるとき人を殺してものを取るのと、ものを取っていって人を殺すのとこれは物欲を満足させるという意味ではあまり変わらないんです。行為の形態としては。死んでいる人からものを取っても物欲は満足させられますからね。逆に物欲を満足させるためにその人を殺しても結果は同じです。このどちらも結果的には同じように二つの欲求が充足させられるということになるのであまり変わりません。

ところが、性的欲求を満足させるために生きている人と性的な行為をして殺害するのが強姦殺人罪の典型的な形態です。性的な欲求を満足させるというのは生きている人との性的な関係を持つことがポイントになるからです。ところが本件は、逆で人を殺害してから性的行為をしているのです。これは通常の性的な行為とは見られません。犯罪学的にはこれはネクロフェリアというふうに言いまして、死体性愛といい、死んだ方とでないと性的な欲求が満足出来ないような、これは性的な「偏り」を示します。

こういうような「偏り」に基づいているんだとすれば彼にそういうような兆候があるはずなんですが、性的な経験がほとんどない――全くないと言っていいでしょう――というような人で、こういうふうなネクロフェリア的な性向性を持っているというようなことは極めて珍しいケースですし、生活歴の中に前兆行為があるのではないかと探してみてもそれは出てこないわけです。

そこで全体をトータルに説明する方法はないかといろいろみんな考えたのですが、一番上手に説かれたのはやはり野田鑑定でした。私の言い方でいいますと、この少年はまだら模様の成長をしています。少年鑑別所での意見だとか、あるいは野田先生とか、加藤先生の鑑定を見ますと、この少年の成長の評価は、四歳とか五歳、あるいは一二歳でお母さんが亡くなったときに成長が止まっていると言われています。他方で、現在の彼と話してみると非常に難しい表現を使うことがあります。「天網恢々疎にして漏らさず」なんて言葉を彼は知っていました。ある部分では成長度が高い部分があり、ある部分では非常に幼い。バランス悪く混在しています。これを野田先生は上手に説明されました。人間の成長というのは同じように成長するものではなくてでこぼこがあって成長しますから、そのうちのどの部分が彼の中で出てくるかが問題です。

先ほど村上さんから話がありましたが、彼の抱きつくという行為が一つのポイントになります。家に入って女性に抱きつく行為、普通に考えれば抱きついて押し倒して暴行をしたいという性的欲求の発現だということになるんですが、彼の場合はそうじゃないんですね。七歳八歳くらいの子供がお母さんの背中から抱きついて甘える行為、こういう行為を一八歳の少年がやったとすると、外形的に見るとやや不自然な行為ですね。お母さんに抱きつく行為。しかし彼の精神状態はそういう自分の子どもっぽい欲求を満足させて欲しいという行為なのです。義理のお母さんに抱きついても、義理のお母さんは甘えてちゃだめよ、早く仕事に行きなさい、という形でそこをやり過ごせるわけです。

ところがこの被害者の女性はそうではありませんでした。しかし、この少年は、被害者の女性は自分のお母さんと同じように優しい人だと思ったものですからその人に抱きつきました。自分を受け容れてくれると思ったわけですね。当然見ず知らずの人が抱きついてきたら、被害者から見れば、なんてことするんだと思いますから、振り払い、反撃する。そのやりとりの中で、彼はどんどんどんどん退行していって、より幼い部分が出てくることになります。

この甘えの行為と、先ほど言った殺害や性的な欲求を充足させる行為が結びついていることが悲劇です。一二歳の頃、お母さんが亡くなったときに遺体が失禁している状態になります。その臭いとその様子ですね。そのことが彼の性的中枢を刺激する、つまりペニスの勃起と結びついているわけです。性的欲求の中枢と、そういうショックを受けたときの中枢が混在していて、それが転倒するというか、短絡する、ショートするということはありうることです。

その意味では、彼は、被害者の様子を見て、糞尿の臭いを感得したときに、実は性的な欲求が生じたのです。先ほどの村上さんの話にありましたように、計画性を持って、初めから自分の性欲を満足させるために各棟を回わりながら物色していったのではなく、中でたまたま家に入れてくれた。その時になんで入れてくれたんだろうと、ひょっとすると、この人は私を甘えさせてくれるんだろうか、と思って抱きついた。しかし、抵抗された。その時に彼の中に、とっさのなかで退行現象が起こる。精神的に非常に混乱した状態の中で一連の行動が起きていると分析できると思います。

湯山　ありがとうございました。

この事件の情状について

少年事件としての側面から

湯山　弁護人は以上述べてきたとおりいろいろな主張を行ってきていますが、被告人の行為によって赤ちゃんを含め二人の人間を死に至らしめたという事実があります。その事実をどのように受け止めなければいけないか。被告人に理解させ、反省させるということも我々弁護団も一生懸命行ってきました。その情状について弁護団としてどのように考えているのか、まず大前提として本件が少年事件であるという観点から岩井弁護人からお話を戴こうと思います。

岩井信　弁護士の岩井です。まず最初に私がなぜこの事件に関わったかということですが、私は、弁護士になる前にアムネスティという国際的な人権団体に十年ほど職員として関わってきました。アムネスティでは死刑制度の廃止に向けて活動してきました。ですから、いろんな写真週刊誌や週刊誌では、「死刑廃止を訴えるアムネスティの元職員」という形容詞が付いて紹介され、自意識過剰で言えば、この「分かりやすい」経歴が、この弁護団の活動が死刑廃止のためというふうにいわれてしまって申し訳ないと思っています。

　私がこの事件に関わったのは、これが刑事事件だからです。事実関係について、安田さんから聞いて、これはおかしいと思ったからです。事実が違う中では、その違う事実に責任をとらせるということはできません。本人も、これは自分がやった事実とは違うということになれば、その違う事実について反省し、謝罪し、それに対して責任をとるということはできません。それでこの弁護団に入りました。当初は安田さんの懲戒請求の代理人になっていたのですが、弁護団に入ってしまったので、私も懲戒請求を受けるようになってしまいました。

　少年事件としての側面の情状について、少し説明します。彼は、犯行時一八歳と三〇日でした。三月に誕生日があって、犯行日は、四月一四日でした。

　日本の少年法は、二十歳未満の少年については、捜査が終了すると、少年事件として家庭裁判所にすべて送って、家庭裁判所が「保護」をするかどうか決めます。少年院送致も「保護」の一つです。しかし、大きな事件の時には、もう一度検察官に送り直して、普通の裁判所で起訴し、刑事責任を問うことがあります。今回も、そのようにもう一度検察官に送り直されて、起訴されて、裁判所で刑事責任が問われています。しかし、その時も、あくまでも「少年の刑事事件」として扱われます。

少年法の中には、「罪を犯すとき一八歳に満たない者に対しては、死刑を持って処断すべきときは、無期刑を科する」という条文があるので、一八歳未満の少年には死刑を科することはできないことになっています。ですから、もし彼が犯行時一七歳と三五〇日の時であれば全く同じ事件でも法律上死刑を科すことはできません。その差が三〇日あったわけです。

しかし、では、三〇日過ぎていたから、この事件を大人と同様に普通の刑事事件として考えればいいかというと、そうではありません。ここがなかなか多くの方に理解されていないことなのですが、少年法は「少年の刑事事件」の場合には、特別にきちんとこういうことを審理しなさいということを条文で書いているんです。少年法九条は、「少年、保護者又は関係人の行状、経歴、素質、環境等について、医学、心理学、教育学、社会学その他の専門的な智識、特に少年鑑別所の鑑別の結果を活用」しなければならないと書いてあるんですね。つまり、審理事項として、「少年、保護者、または関係人の行状、経歴、素質、環境」が特別に要求されている。その歳、審理資料として、「医学、心理学、教育学、社会学、その他専門的な知識、特に少年鑑別所の鑑別の結果を活用」しなければならないと特別に言及されているのです。ですから、私たちも、少年法に基づいて、少年鑑別所の結果を活用し、また加藤鑑定人や野田鑑定人といった、専門家による鑑定意見を提出したのです。

この事件をどう見るかというときに、彼の年齢と共に、事件の発生日が重要です。なぜ四月の一四日なのか。ここが非常に重要です。つまり、これは、彼が高校を卒業して一四日目に事件を起こしたことを意味するのです。社会に出て一四日目の事件。それが今回の事件を繙く一つのポイントになるのではないかと私たちは思っています。

一つ、ある文章を読みます。この文章は、この事件について、次のように書いています。


「本件時は、高校を卒業して教師のサポートがなくなり、また気持ちを打ち明けられる唯一の友人が就職して少年の側を離れ、孤独感が強まった状態であった。社会人として働く限り、有能であると認められたい気持ちはあったが、職場で甘えていいとは感じなかった。家を出て自立したい気持はあっても、それも不安で思い切れずに家にとどまったのだが、父親の愛情は既に義母と異母弟にすべて移ったと感じており、主観的には先行きの生活に希望が見い出せなくなっていた。結局、仕事にも十分な意欲を持てずに休み始めるようになっている。

本件被害者宅を訪問する前に、少年は時間つぶしと称し仕事のふりをして各戸を訪問している。仕事をさぼって外に一人でいると、社会から一人取り残されていくような気分がしたという。そうした孤独感が上記行動の背景にあったと考えられる。そして、各戸でそれぞれ自分が作業員として信用されかつ親切な応対を受けるうちに、自信を持ち始め調子付いている。

被害者宅では、被害者が少年を予想外に招き入れてくれた。さらに、工具を借りたいという要求にもすんなりと応じてくれ、自分が嘘を付いているにもかかわらず、一貫して自分を信用している様子に、それまでの勢いもあり、次第に物事が自分の思い通りに運ぶような、独り善がりな方向に思考が流れ始めている。また、赤ん坊を抱く被害者を懐かしいような、甘えたいような気持ちで見たとも言い、自分と実母との関係の投影がうかがわれる。そのあたり、かなり自我水準が低下し、普段押し込めている幼児的な自我状態が優位になっていたのではないかと推察される。

犯行は、およそそうした非常に退行した精神状態で推移している。」

これは私たち弁護人の弁論ではありません。これは、彼が家庭裁判所に送られて、少年鑑別所に送られ、そこで行われた鑑別結果通知書に書いてある言葉です。これを見れば、裁判になる前の鑑別所の段階で、基本的な事件の流れについて彼は語っていたことは明らかですし、しかも、それを少年鑑別所の技官が納得して、これを書いたわけです。この鑑別を担当したのは一人ではありません。二人です。その上で、鑑別所の所長がこの結果を承認して、家庭裁判所に提出しています。

先ほどの少年法の条文を思い出して下さい。少年法の条文は九条で、「特に少年鑑別所の鑑別の結果を活用しなければいけない」と言っていました。まさに、私たちはこの少年鑑別所の鑑別の結果を、少年法に基づいて活用し、そこから事件を読み解き、弁護してきたわけです。

少年事件というのは、一般に、動機の形成が不明で、また衝動的、突発的で、自分の行為を統御することが不得手な少年によって、予想外に結果が拡大してしまうことになるという傾向があります。まさに、本件は、そのような少年事件の典型です。

ところで、裁判では、誰一人、彼のために情状証人は立ちませんでした。父親も立ちませんでした。弟も行方不明になっていました。彼のために立つ人は、誰一人もいなかったのです。

しかし、家庭裁判所に送られた意見で、彼の元担任の先生たちが、次のような意見を書いていました。

小学校の担任は、次のように書いていていました。

「二人もの尊い命を奪ったという事実、人として決して許されるべきことではない殺人事件を起こした少年ではあるが、恵まれない家庭環境の中で育ち、精神の発達の未熟さからくる自己をコントロールできず、感情のおもむくまま衝動的行動に走って、殺人という行為におよんだものと考える。小学校以後の、中学校、高校での様子はわからないが、今後人間として本人の行ったことを深く反省し、将来に希望を持ち、矯正・更生の道を歩んでくれることを期待します。」

中学校の担任は、次のように書いていました。

「人間として、してはならないことをしたのですから、罪は罪として認めさせ、適切な処置をお願いいたします。ただ、本人の将来のことを考えると、更生の機会を与えてもらいたいと考えております。」

高校の担任は、次のように言っています。

「本人の生育環境、家庭環境には、このような事件に至った原因が随所にあったと思われる。充分な心のケアをしていただくことを希望します。」

彼が虐待を受けていた事実については、本田弁護人からも報告があると思います。こうした担任の先生たちも、家庭裁判所からの照会の中で虐待について気づいていたことが窺える報告をしていました。家庭環境や学校での彼を身近に知っているからこそ、担任は、もう一度厳しく責任をとらせると共に、もう一度、彼がやり直しをする機会を与えてほしいと訴えていたのです。

小学校から高校までの担任は、「隠れた情状証人」だったと私は思っています。

被告少年の受けていた虐待と事件への影響

湯山　ありがとうございました。それでは今話のありました被告人・少年の受けていた虐待についてですけれど、その内容と事件への影響について本田弁護団長の方からお願いします。

本田兆司　広島の弁護士の本田です。弁護団長ということですが、この弁護団というのは皆が一兵卒の形で、今日壇上に一七人の弁護団が上がりますが、決して一人で全てを把握してできるものではなく、これだけ全国からいろいろな弁護士の方々が集まっていただいて、いろんな知恵を出して、先ほど新川弁護人の話にもありましたが、それこそ弁護団会議が待ち遠しいという形で夜を徹して実験を行い、議論を尽くしてやって来た弁護団でございます。

そういう意味でこの事件に関わることになったのは、これはそれこそ最高裁判決が、永山事件判決のその後に、量刑不当で控訴審の無期懲役判決を破棄して広島高裁へ差し戻された西山事件という事件があります。この弁護活動にも、広島の地に戻ってくるということで、たいへんだということで、当時刑事弁護センターの役職についていたことから、支援弁護団というのを組んで国選弁護人と共に差戻控訴審の弁護活動をやって来たわけです。

その当時、この光市事件の控訴審の裁判が始まるということでしたが、広島弁護士会の方もすこし西山事件の方に注目がいき、光市事件については事件の内容をある程度聞いてはいましたが、当時の弁護団の感覚としては、これは無期懲役が妥当であるとおそらく広島弁護士会の会員は誰も疑わなかったのです。そういう中で控訴審が無期懲役を是認して、なるほどという想いでおりましたけれども、しかし最高裁が検察官の量刑不当の理由を認めて、再びまた広島の地で差し戻しが行われるということになりまして、このような量刑基準のあり方そのものについて非常な危惧を抱きました。

といいますのは、これまで多くの日本の弁護士の感覚として、少年の事件であって、そして不遇な生育歴がある事例においては、ほぼ無期懲役が相当ではないかと疑わない、そういう状況でありました。しかし最高裁は、複数の死亡者を出す事件についてはかなり厳しい見方をして、死刑が相当であるという基準を定律して今後の裁判員裁判の量刑基準にしようという意図があるんではないかと思います。そういう意図が窺われる中で光市事件の量刑のありようというのは、これは事実の問題も含めて、裁判上の量刑基準が変更されれば大変であると考えまして、安田弁護人、足立弁護人から依頼を受けまして喜んでお手伝いをさせて貰うことになります。それが、少し長くなったかも分かりませんが、私の事件を受任した経緯です。

そして私が担当しましたDVの関係についていえば、彼の生育歴を調べる過程で児童虐待のすさまじさが認識できました。そして先ほど岩井弁護人からも言われましたが、少年事件であるにもかかわらず、情状証人が一人もでていないという特異さを感じまして、何度かお父さんとの間で情状証人をお願いできないかと、そして彼の生育歴がどのようなものであったかということを聞き出して、そして裁判になんらかの形で提出できないかと、そのうえで加藤教授の犯罪心理鑑定、あるいは野田教授の精神鑑定に、そのことが大きな判断要素になってくると考えましてお父さんに連絡を取らしてもらいました。

幸いにして、お父さんに連絡を取ることができまして、加藤教授や野田教授と一緒にお話を何度か聞きました。ただお父さんも本件事件の責任を感じて、相当しんどい思いをされておるだろうなと思っていたのですが、初めてお会いして、お父さんの本件事件に対する思い、少年に対する思いを三十分間も延々と語られるというような状況で、私もあっけにとられるというか、驚くというか、そしてお父さんの人となりを、その三十分のうちに推定することができたわけです。そして私は被告人からの話も聞いて、そして児童虐待という視点で、裁判に提起したわけであります。

この点は、テレビ報道もほとんどされておりませんが、すでにこれは他の弁護人からもありましたように一審以前の捜査の段階、一審以前の段階、あるいは家庭裁判所の審判や一審の段階の記録の中で十分に出ておったわけですね。父親の児童虐待のすさまじさは、一、二例を挙げさせてもらいますと、小学校の入学式にこれから行こうとするときに、お父さんとお母さんが、この方が実のお母さんですが、ケンカをされておると。そしてお父さんが手をあげ足をあげ、お母さんに暴力を振るっているときに、彼が見るに見かねてお父さんの前に立ちはだかった。その過程の中でお父さんが、こともあろうに小学校の入学式に行こうとする子ども、被告人を足蹴にしてタンスの角で頭を打たせ気を失わせるというようなことをやったわけであります。

その後もお母さんとの間ではそのような暴行が繰り返し行われる。彼はお母さんがそのように暴力を受けることに非常に心を痛め、常に間に入ってお父さんを止めようとして、暴力を振るわれ、風呂桶に頭からつけられて、死ぬかという思いをしたということでした。これが延々と続くわけです。高校になって、父親に殴られて鼓膜が破けることもありました。先ほど中学生になって一年生の時にお母さんが亡くなられたということでしたが、お母さんのからだにはやはり親戚の方が確認をされたらアザがあったということです。

また被告人は、包丁を突きつけられたことも三度あり、本件事件の前々日には、お父さんから包丁を突きつけられるという虐待を受けております。

一九九九年四月に本件が発生したのですが、その翌年（二〇〇〇年）四月には児童虐待防止法ができております。一九八九年、子どもの権利条約が国連で採択され、そしてわが国においても一九九七年に国会で、あるいは厚労省が児童虐待防止のためのいろんな指針とか通知を出して、そういう中で児童虐待防止法ができたんです。

この法律は、児童虐待が児童の人権を侵害し、その身心の成長及び人格の形成に重大な影響を与えるからこれを防止するために制定されたものであり、児童虐待とは児童の身体に外傷を生じる行為や心理的に外傷を与える行為などをいうと定めています。

検察官にしろ捜査官にしろこのような児童虐待の事実については十分に法律的知識を得ているはずで、そのうえでの取り調べをしているはずですが、捜査の段階においては、これは父親のしつけであったということですべてを済まし、家庭裁判所の調査官の、岩井弁護人が話されたように、児童虐待の事実を少年が訴えているのに、身心や人格の形成に重大な影響を与えることに疑念の余地がないのに、最高裁までが児童虐待の問題を看過し、単に生育歴が冷遇であったというだけですましてしまったのです。

そして最高裁においては、高校教育を受けていることで不遇であったとは言いがたいなんていうことですませようとしているのです。児童虐待の重大性をこのような浅薄な捉え方ですまそうとすることに、最高裁判決の底の浅さがあり、本件事件を担当して、差戻控訴審ではこの問題を提起する必要があったのです。

精神鑑定によって何が明らかになったか

湯山　ありがとうございました。また本件事件では専門家による精神鑑定も行われています。その精神鑑定によってどのようなことが明らかになったのか、山田弁護人の方からよろしくお願いします。

山田延廣　広島の山田です。私は差し戻しから弁護人についています。差戻審が始まるのでだれかきちんとした弁護人が必要だろうということで全国的に有名になった髭の足立弁護士から誘われて就任しました。

その後、マスコミのバッシングはすごかったですね。朝、行ってみると弁護士会から懲戒申立というのが山ほど来るわけですね。とんでもない弁護人になったものだと、頭を最初抱えておりましたが、だけど私自身、この弁護団の手弁当の活動に積極的にやってない面もあるのですが、大変感動しました。いまではこの弁護団の一員になっていることを誇りにさえ思っております。新川弁護士が先ほど言ったとおりのことです。

先ほどたかじんの言葉［この日の集会の第一部で、BPOに申し立てた一八番組の一つとして「たかじんのそこまで言って委員会」の一部を参考上映した］で、弁護人は二一人も就いて、被害者は二人じゃないかというような言い方をしておりました。みなさん、考えてみてください。いまの刑事裁判というのは仇討ちは許されていません。そのかわり国家が被害者に代わって刑罰権を行使するわけですね。検察官がそれを国家権力を背景にやります。ということは我々が立ち向かっているのは被害者二人ではなくて、検察官を頂点とする国家なんですね。その検察官を頂点とする国家が、いま刑事裁判ではどういうことをやっているのか、これを改めてみてみると分かろうかと思います。

これは福岡での放火事件、どういう主張で起訴してどんな結果がおりましたか。鹿児島での選挙違反事件、あの調書はどういう内容だったでしょうか。どうやって作られたでしょうか。富山の冤罪事件はどうだったでしょうか。それを暴いてくれたのは決して報道ではなくて、弁護人の日々の活動だったと、私は弁護士の一人として誇りに思っております。

というように我々が闘っているのは決して被害者とではない。この事件は弁護士としていったいどういう立場でどういう思いでやるべきかと原点を私自身に教えてくれたと考えております。戦前であればたぶん司法大臣が無駄な争いをしておるといって懲戒権を行使して、とっくの昔に私たち弁護人は、弁護人としての仕事だけではなくて、弁護士としての職務さえ失っていたであろうと思います。まさにいまの弁護士法が自治と独立を認めてくれた結果、私たちはこうやってあるべき弁護活動ができているんだろうと思います。

この事件については私は野田教授の尋問を行いました。それからこの事件の実情を知るに従って、明日は我が身という言葉を常々思うようになりました。この事件はこの被告人一人の問題ではない、父親の暴力はいかに子どもの成長を阻害するのか。母親を中心とする家庭がいかなる状況にあるのか。いま子どもが親を殺したとか、おじいさん、おばあさんを殺したとか、いろんな家庭内の事件が起こっています。この事件がある意味では象徴的に現れているんだろうと思います。けっして荒唐無稽な主張をしているんだとか、被害者を罵倒しているんだというような見方ではなく、この事件が普遍的に持っている社会の歪みを現しているんだろう、それを正すにはどうしたらいいのかということを、私は学ぶべきだろうと思います。

野田先生は精神鑑定を行ったわけです。精神鑑定というのは、正常な判断能力がない限りは刑罰権を行使できないということが前提にあるわけです。先ほど他の弁護人が話してくれたように一二歳で停滞している、留まっている。家庭裁判所の鑑定意見では四、五歳で停滞しているというような意見もあります。なぜかといえば、先ほどから出てきているように、父親の暴力によって精神的な発達が阻害されてしまう、それに対する信頼関係を持つことができない、期待することができないということを一点、野田先生はいっています。二点目は母親と父親の暴力を避けるために母親と一体となってしまう、依存的な関係になってしまう。特殊な関係のもとに成長していった結果、きちんとした判断能力、成長能力を身につけることができません。三番目は不幸にも先ほどから出てきていますように、その一体関係にあった母親の自殺した現場を見てしまった。これが大きな精神的なショックになる。臭いをかいだときに、お母さんの亡くなった姿を思い出してしまうんだということを彼は言っております。そこに一番大きな問題があるんだということを、みなさんに分かっていただきたいと思います。

さきほどの報道番組で野田先生の意見をいろいろ批判しております。きちんとした供述調書を読んでないじゃないかとか言ってますが、そもそも供述調書というのは被告人が罪を認めたことを前提に述べられたものであって、成長過程であるとかそういった父親のいじめの過程だとかほとんど述べられていないんです。それをいくら読んでも仕方がない。それよりも直接被告人本人に会ったりして話を聞く方が先決であると言って、先ほどから出てきているように野田先生は被告人や父親やそういう関係者から直接話を聞いております。

野田鑑定の意見というのは特殊な意見ではないんです。家庭裁判所の鑑別結果を少し読んでみましょう。これは家庭裁判所が先程述べられたような裁判所としての意見なんです。

一、少年の行動を決めるのは主に親の顔色であり、自分で主体的に行動する力は育っていない。

二、依存性の強い少年にとって、母親が自殺したという事件はまさに見捨てられた体験として感じられており、心の支えを失った状態になった。父親からも見捨てられた状態になっている。この母親と父親からの見捨てられた感は強烈であり、現在の少年の心のわだかまりの源になっている。

五、被害者宅で赤ん坊を抱く被害者を、懐かしいような甘えたような気持で見たと言い、自分と実母の関係の投影がうかがわれる。
六、犯行はおよそ非常に退行した精神状態で推移している。
七、死亡を確認した後でさえも、口や手を封じたのは、死者が生き返るという原始的な恐怖に突き動かされた結果である。

彼が死者は生き返るんだというような考え方を根本的に持っていたんですね。その程度の精神能力であったんです。だから姦淫すればお母さんが生き返ると同時に被害者の母親が生き返ると思ったことは荒唐無稽でもなんでもないわけです。鑑別結果でその程度の精神能力しかないといって、家庭裁判所はどういってるかというと、精神的にサポートを受け、ある程度安定した状態にないと困難であるため、定期的なカウンセリングが望まれる、家庭裁判所のもとに置いてきちんとカウンセリングして成長を矯正してやらなければいけないと言っておきながら、結果的には刑事処分相当として送ったことが今回のいろんな問題、もつれた糸を引き起こす原因になったんだろうと私は思います。もともとから家庭裁判所がきちんと少年院に入れるとかそういった処遇をすべきであった。そこに大きな誤りがあったんだろうと思います。

もっと国家や権力が他のことに疑問や不審を持つことも私は必要だと思います。

マスコミの伝えない被告少年の姿

湯山　ありがとうございました。

今まで、私たち弁護人が受け止めている少年の姿というものを、みなさんに話をしてきました。しかし先ほどのテレビ報道にもあるとおり、マスコミで報道される少年の姿というのは全く違います。例えば、酷い内容の手紙を書いたことであるとか、あるいは差戻審では問題となる発言をしたとか、その点に関しての事実関係はどうなのか。また本件の私たち弁護人が言っている情状のポイントがどこにあるのか、またそれらが判決にどのように反映されるだろうかということで岡田弁護人の方からお願いします。

岡田基志　岡田でございます。まずみなさんと同じように、なぜこの弁護団に加わったのかというところから簡単に言いますと、これは全く私個人的な動機でして、安田先生から以前、私が困っているときに事件に参加してもらった事件、これがきっかけでございます。

その事件というのは先ほど山田弁護人からもありました福岡県警がらみの事件でございま

して、福岡県警を相手にしなければいけない。そういうときだいたい腰が引けるものなんですね。げんにこの前、スパイを同房者にくっつけて自白を強要したとか。私自身の経験で言えば、これはあとで知ったことですが、私の銀行口座も二度ほど調べられてるんですね。ある日、ひょんなきっかけから顧問会社から、先生、何か悪いことをやったんですか、どうしてと聞くと、調査事項照会書というのが来てますよと。私には全然分からない。それを出す銀行も銀行、即刻この銀行との取引をやめようと思ったら、この銀行からしか弁護士会費を下ろせないから取引をやめるなと言われた。こういうことを感じると非常に怖いものなんです。自分が知らない間に何か銀行口座まで。特別に私の入金を問題にしているのではないですよ。どういうところと付き合ってるかということを調査したいんだろうと思うんです。それでなんか怖い。

そうすると福岡県警がらみの事件が起こったときに安田先生が松井先生と一緒に参加していただいた、安田先生は決して言わなかったけど、他から聞いた話によると、弁護士が孤立しているときに行かずにおられるかと。安田先生自身はシャイな人ですから言わないけど、それ聞いて、これだと思ったわけです。ですからこの事件、声かけてもらったときに、一番孤立している人、一番非難されている人、一番ダメだと言われている人、この人につくことこそが弁護士だろうと。未熟ながら私も参加しようと思ったわけです。

それで、事件のことですけれど、マクロ的な問題はみなさんがすべて出されていると思います。死刑求刑の問題とか虐待の問題とか、そういうことです。で、僕は何を話したらいいのかなとずっと考えて来たわけです。そうすると今日ここに参加しておられる方はまた他の人に内容を聞かれたり話したりするだろう。その時、マクロ的な問題とともに、彼自身の等身大の欠点のある彼を知ってもらうのも、あるいはどんな人間だったのかを少しでもヒントを与えて貰えるようなエピソードがあればと思って二、三、紹介します。

彼は高校に入学したときは身長が一五〇センチくらいだったそうです。自分で言ってました。ところが一、二年の間に急に身長が伸びて、高校三年の時に一七〇センチを超えたと。ただ喘息気味だったので食が細かった。ガリガリだった。高校を卒業してもなお、まさにガリガリの少年ですよね。食が細いというところで、わかると思います。

それとまだら的という言葉が何度か出てきましたが、それも私も少し感じたことがあります。彼は本が好きだそうです。ただ、いまふうの少年なんでしょうか、逮捕拘留されるまではあまり読んでなかった。勾留されてから読むようになった。ただそれに比して聖書に対する理解というのは非常にびっくりするようなものがあります。僕なんか聖書といったらマタイ書とか黙示録とかごくスタンダードなものをあげるのですが、彼は旧約のヨナ書をあげました。ヨナ書を読んでいただければわかると思うんですけど、神様の言葉がどうしても納得できずに神様を裏切ったりして神様とバトルを繰り広げるというような話なんですね。彼の悩みが合ってるかもしれません。

それと将棋は三段のようです。イメージとしては、彼の手紙を見ると平仮名が多くて稚拙な印象を受けるんですけれど、将棋は三段ということはすごいものを感じるんですね。私自身も将棋をやるんですが、三級位なんですよ。ただ将棋の三級というのは決して弱い方ではありません。将棋の初段というのはなかなかいないんですよ、囲碁と違って。ですから将棋の初段ですら僕らは尊敬するんですね。三段相当ということで、正式のものじゃないでしょうけれど、結構強いなと。

だから彼自身が非常にシャープな面も持っている。しかし手紙を見ると非常に稚拙なものもある。またからだも貧弱なもの、そして一八歳で身柄を勾留されて、そして今現在に至っている。だから彼が対話してる人というのは一八歳から限られてるわけですね。彼が語る言葉というのは一見奇異な感じを受けるときがあるんですよ。例えば何々の次第でありますとか、非常に文語的な表現を使うかと思えば、何々なんだよね、というんですね。というのは言葉というのが対話によって練られていない。だから文章とか、非常にコミュニケーション不足のままきてるから非常に自己表現がへたな面もある。だから非常に誤解を受けやすい面もあるし、私も時々話していてむっと来ることもあるわけです。
しかし、これからみなさんが今日の弁護団の話を他の方に言っていかれるときに、そういう欠点も含めたうえでありのままの彼、彼はモンスターでもなければ救済すべき聖人でもマスコットでもないわけですよ。欠点もある、そういう人間として捉えることのできる集会であったらいいなと思って話しました。
最後みなさんが語り尽くしたあとの話ですから、ちょっととりとめのない話ですけれど以上でございます。

小林　お手紙とかもちょっと聞きたかったんですが。

岡田　彼がこういう立場に追い込まれたといのはやはり控訴審での友だちとの手紙ですね。要するに、マスコミの表現で言えば「おちゃらけた」という表現なんですが、彼になぜああいう手紙を書いたんだって、つい最近聞いたところ、あまり弁解しません。やはり、まず第一番に謝らなきゃいけない、自分が弁解してもどうしようもないだろうと、被害者の方、ご遺族の方を傷つけた。ただ、ということで言うんですけどね、ただ自分はあのときはやはり未熟だった、それとやはり対話する相手が誰もいなかった。

僕らが刑事被告人の方に会うと、接見禁止とか長い勾留が続くと言葉が出ない状態になるんです。さっきの対話ができない状態と似た状態ね。そういうときに友だちからお前がやったことは大したことはないんだと、もっとどうどうとと、けしかけるような、ハッパかけるような言葉が来る。そうすると彼の限界性でもあるんだけれど、それに過剰適応して過剰反応してしまう。そういった結果、二つの青年の手紙がキャッチボールみたいになって、そのキャッチボールが二つとも、どっちが出す手紙も似たような文体なんですよね。ということはお互いがお互いを燃え上がらせている。逆に言うと彼は挑発されたかもしれない。しかしそれはそれで限界として彼が受け止めてるから、そういう未熟な限界のもとにあったんだと。だからそのことだけによってすべての流れが変わっていいんだろうかな、という疑問はあるんですね。

小林　ありがとうございました。それではこの四つのシンポジウムをこれで終わりたいと思います。

非常に限られた時間でしたので十分に伝わらなかったかと思いますけれども今日の弁護団の話をきっかけとして、ぜひこの事件の事実を見ていただきたいと思います。私たちが出しました弁論とか、補充書等も今後みなさんの目に触れることが可能になると思います。そういうのも見ていただいて、マスコミ報道だけではなく、事実を見ていただいて、四月二二日の判決をぜひ注目していただきたいと思います。本日はどうもありがとうございました。

3部

司法の職責放棄が招いた弁護士バッシング

司法の職責放棄が招いた弁護士バッシング

差戻控訴審で行われた立証活動

安田好弘

1　はじめに

光市事件は、精神的に極めて幼い一八歳一ヶ月の少年による、不幸にして偶発的な事件であった。少年には強姦の故意も殺意もなかった。しかし、検察官は、この事件を凶悪な強姦・殺人事件としてねつ造した。

家庭裁判所は、後に述べるように、そのことに気付きながらも、あえて事件を逆送した。事件の大きさに圧倒されたのである。

そして、第一審、旧控訴審の弁護人も裁判所も、ともに、その怠慢から、検察官の事実のねつ造を見逃し、真実の発見を怠り、無期懲役判決でよかれとした。しかし最高裁は、弁論を強行し、判例変更の手続を執ることなくして判例を変更して、死刑適用基準を拡大し、破棄差し戻しをした。もちろん、手を抜いて真実の発見を怠ったのは、同様であった。

被告人である少年は、検察官によって少年法の「改正」に利用され、最高裁によって死刑の拡大に利用された。彼は、対蹠的に精神薬を投与されるだけで、何のケアもされることなく、また家族や友人との面会や文通もなく、八年間も放置された。

捜査段階を通して、また裁判を通して、彼の言い分は一顧だにされなかったし、事実を見直す機会も与えられなかった。彼には、公正な裁判は保障されてこなかったのであり、彼の目の前に展開された裁判は、他人事であったのである。

差戻審弁護団は二一名の弁護人からなる。皆んなが、この少年に対する検察官、最高裁の不公正なやり方に憤り、第一審、旧控訴審、そして最高裁の如何ともしがたい怠慢に危機感を募らせている。司法は制度疲労の中にあって、危機的な状態にある。

弁護団は、徹底的に真相を究明し、裁判所に対して公正な裁判を求め、被告人の権利を擁護し、被告人に真に裁判を受ける機会、そして真に反省と悔悟をする機会を保障しようとして努力している。

2　光市事件とは

現在起きている異常な弁護人バッシングの背景を解明するためにも、事件の詳細を伝えたい。

◆事件現場

光市は山口県の瀬戸内海に面する人口約五万五〇〇〇人の市である。古くは瀬戸内海航路の要衝として栄え、第二次世界大戦中は海軍工廠が開設され、戦後は、その跡地に進出した新日鐵と武田薬品の企業城下町となった。しかし、市の西にある室積海岸は景勝地として昔の面影を残している。

この光市の新日鐵の社宅の中で事件は起こった。被害者（二三歳の女性）・被害児（一一ヶ月の女児）も加害者の少年（一八歳一ヶ月の男性）もこの新日鐵の社宅に住んでいた。社宅は、全体で一六棟の四階建のマンションからなる大規模なもので、道路を挟んで二つに別れている。少年宅は６ＬＤＫの大世帯用のマンションの一階、被害者宅は３ＤＫの少世帯用のマンションの最上階にあり、道路を挟んで直線距離にして約二〇〇ｍと近接していた。事件は同じ社宅内の事件であった。

◆事件の発生　九九年四月一四日

一九九九年四月一四日夜、会社から帰ってきた夫が、押し入れの中に妻の遺体を発見した。被害者は、手をガムテープで縛られ、口と鼻の部分にガムテープが貼られ、下半身は裸であった。続いて、通報を受けて駆けつけた警察官が押し入れの天袋から被害児の遺体を発見した。被害児の頚部には青色の細い紐が巻かれており右側頚部で蝶々結びにされていた。被害者の夫も夜遅くまで厳しい取り調べを受けた。

◆少年の逮捕　九九年四月一八日

事件は母子殺人事件として大きく報道され世間の注目を集めた。その四日後、少年が犯人として逮捕された。事件当日、水道設備工事会社のネーム入りの制服を着て、社宅を戸別訪問していた少年が不審人物として特定され、被害者宅に遺留されていたガムテープ等から少年の指紋が採取され、犯人と断定された。少年はすぐに容疑を認め、被害者及び被害児に対する殺人事件として通常逮捕された。

犯人が少年であったことは社会に大きな衝撃を与えた。特に、法務省や一部のマスコミでは、エスカレートする少年による凶悪事件の典型的な例として、この二年前に起こった神戸の連続児童殺傷事件（酒鬼薔薇事件）と重ねて取り上げられ、少年に対する厳罰化に向けた少年法の「改正」（二〇〇一年少年法は「改正」されて従来刑事処分は一六歳以上の少年に限られていたのが一四歳以上に引き下げられた。また少年に対してはすべての事件につき保護処分が原則であったが、重大事件にあっては刑事処分が原則とされた）の必要性の根拠として大きく取り上げられた。しかし、少年には前科・前歴はおろか補導歴もなかった。

少年の父は新日鐵入社三〇年目の中堅社員で当時子会社に出向していた。少年は、二人兄弟の長男である。中学校一年の時に、母親を自殺で亡くしている。しばらくして、父方の祖母を迎えて家族四人で生活し、高校二年の時、父親はフィリピン女性と再婚し、義弟が誕生した。少年は、事件が起こった年の三月に高校を卒業し、四月一日から地元にある水道設備工事会社に就職したばかりであった。

被害者の夫は、入社二年目の社員で、社宅に入って八ヶ月目であった。

◆少年の自白

少年は逮捕後、光警察署に留置され連日取り調べを受けた。調書は弁解録取書を含めて三七通ある。うち、検察官調書は二〇通あり、検察主導の捜査であった。

検察官が最終的にまとめ上げた少年の自白は、次のようになっている。

少年は、事件当日、ゲームをして遊びたかったことから、父親には会社に出かけると嘘を言って、朝七時頃、ガムテープと義母に作ってもらった弁当を持って、会社から支給された上下の作業着の上にヨットパーカーとジーパンを着て、自転車で自宅を出た。

少年は、友人宅に上がり込み、午前中、友人とゲームをして遊んだ。昼頃になって、友人が買い物に出かけるというので、友人とは、午後三時にゲームセンターで落ち合って遊ぶ約束をして別れた。

少年は、行く当てもなかったため、一旦、自宅に戻った。自宅にいた義母には、「近くまで工事に来た、昼休みなので戻ってきた」と嘘をついた。自宅では義母が作っていた昼ご飯を食べて時間つぶしをしようとしたものの、義母から、「午後からの仕事に遅れるから」と追い立てられて再び自宅を出た。

しかし、約束の時間まで間があった。少年は、慣れない勤めで疲れていたため、最近、自慰をしていなかったことから、セックスをしたいとの欲情が自然とこみ上げてきた。少年はそれまで性体験はなかったが、たまたま自転車の前籠にガムテープが入れてあったことや作業服の胸ポケットに仕事用のカッターナイフが入れてあったことから、これを使えば、無理矢理にセックスができるのではないかと漠然とした考えを持つようになった。

そこで、少年は、とりあえず美人の主婦を物色しようと考え、制服姿になり、手にガムテープを持って、社宅の呼び鈴を押し、出てきた家人に、「○○設備（勤務先の実名）

の者です。排水の検査にきました。トイレの水を流してください」と言って回るという戸別訪問を行った。しかし、期待するような女性は見当たらなかった。ところが、被害者宅では応対に出た被害者が美人であったことから、そしてたまたま被害者から上がってくれと室内に招き入れられたことから、少年は被害者を強姦しょうと決意して室内に入り込んだ。

室内に入った少年は、被害者からペンチを借りるなどしてトイレや風呂場で排水設備の検査をするふりをし、強姦する機会をうかがっていたが、やがて意を決して、トイレからスプレー式洗浄剤を持ち出して、居間に入り込み、被害児を抱き上げようとしていた被害者に近づき、背後から襲いかかり、顔面に洗浄剤を吹き付けた上、被害者を仰向けに引き倒して馬乗りになり、手で被害者の口を塞ぐなどしたが、大声を出して抵抗されたため、殺害したうえで姦淫する以外にないと考え、両親指で被害者の喉仏付近を、指先が白くなるほど力を入れて押さえつけたが、はねのけられたため、今度は、両手で全体重をかけて頸部を絞めつけた。その結果、被害者を窒息死させた。それでも少年は、死者が息を吹き返したという話を過去に聞いたことがあったので、念のため、ガムテープで被害者の両手を縛り、さらに口に貼り付けた。

それから、少年は、被害者の上着をめくりあげ、下着を切るなどして、乳房をもてあそび、タオルで汚物を拭って陰部を拭いた後、姦淫した。

さらに少年は、被害者にすがりつくようにして泣き続けていた被害児を泣きやませようとしてあやしたり風呂桶に入れて蓋を閉めたり、押し入れの天袋に入れたりした。しかし、被害児が一層激しく泣き続けるため、これに激昂し、殺害して黙らせるしかないと決意して、被害児を頭上の高さに持ち上げて、居間の床に後頭部を思い切り叩きつけた。しかし、被害児は、母親に助けを求めてすがりついていった。それで、少年は、被害児を引き戻して、今度は、両手で首を絞めて殺そうとした。しかし、首が細くてうまく絞めることができなかった。そして、遂に、自分のポケットに入っていた剣道のコテの紐を取り出して被害児の頸部に二重巻きにして後頸部で交差させて思い切り引っ張って絞めつけて窒息死させ、紐の端を蝶々結びにしてとめた。

その後、少年は、被害者を押し入れの中に、被害児を押し入れの天袋に入れて隠し、床に落ちていた財布を盗って逃げた。

以上が、検察官がまとめあげた少年の自白である。検察官は、本件犯行は、排水の検査を装った計画的な犯行であり、犯行態様も殺害行為を繰り返す執拗なものであり、しかもわずか一一ヶ月の幼児を殺そうとして床に投げつけるなど冷酷にして残虐であるとした。

そして、検察官は、強姦が計画的であることをもって、殺害も強姦と一体の行為であるとして、殺害目的が強姦の着手後に生じた場合でも、殺害も強姦と同じく計画的であると評価すべきであると主張した。

◆初期供述

しかし、捜査段階の少年の自白は、事件全体にわたって大きく変遷していた。

少年は、強姦目的について、これを否定していた。少年は、大人の犯行に見せかけるために姦淫したと供述していた。被害者に対する殺害目的についても、被害者ともみ合っているうちに死亡させるに至ったもので殺害しようとしたものではなく、殺害方法も片手で力一杯押さえただけであると供述していた。被害児に対する殺害についても、大人の犯行に見せかけるために紐で首を絞めたとだけ供述しており、叩きつけたり両手で首を絞めたりする殺害行為についてはまったく述べていなかった。

少年のこれらの初期供述からすれば、強姦は成立せず、被害者に対する殺人は傷害致死にとどまる。また事件は計画的にして執拗かつ残虐な事件ではなく、偶発的な事件であったということになる。

少年は、逮捕の二日後と勾留満期当日の二回、当番弁護士の接見を受けている。

◆家庭裁判所送致　九九年五月九日

少年は、山口少年鑑別所に移監され、調査官による面接と心理テスト、精神科医の診察を受け、六月四日逆送されている。

逆送の理由には、「内面は未熟で、強い自己中心性を持った少年である。（略）事件に結びつけた人格の偏りは、まだ矯正教育による可塑性を否定するほど固まっているわけではないが、（略）犯行の態様が保護処分になじまないということもさることながら、自分の行為がもたらした結果の重大性を実感できていない現状、またその重大性を受け容れ真の償いの気持ちに変えていくには非常に長い時間が必要であることを考えると、公判段階を通じて厳しい現実に直面させ、相応の時間を掛けて上記課題を達成させていくことが適当である。」と述べられている。

また、処遇指針としては、「公判段階を通じ、事件が社会に与えた影響、地域社会の不安と恐怖、被害者の苦悩についての厳しい現実に直面させる中で、本件の重大性を認識させ、真に贖罪の気持ちを喚起させることが少年にとって必要である。（略）その作業は精神的にサポートを受け、ある程度安定した状態にないと困難であるため、定期的なカウンセリングが望まれる。」としている。またＴＡＴ（絵画統覚）検査では、「罪悪感は浅薄で未熟であり、発達レベルは四、五歳と評価できる。」とされている。

家裁は、少年の精神発達が未熟であるとし、少年の矯正可能性と要保護の必要性を認めている。つまり、本来なら、少年院で適切な矯正保護的なケアと教育が行われるべきであった。しかし、事件の重大性に大きく引きずられて、少年に対する保護を放棄して、逆送を決定したのである。

なお、家裁では、戸別訪問につき、「本件被害者宅を訪問する前に、少年は時間つぶしと称し仕事のふりをして各戸を訪問している。仕事をさぼって外に一人でいると、社会から一人取り残されて行くような気分がしたという。そうした孤独感が上記行動の背景にあったと考えられる。そして、各戸でそれぞれ自分が作業員として信用されかつ親切な応対を受けるうちに、自信を持ち始め調子付いている。」として、これが強姦の物色行為であるとする自白を否定する見解を示し、また、被害者に抱きつき死亡させた行為についても、「被害者宅では、被害者が少年を予想外に招き入れてくれた。（略）赤ん坊を抱く被害者を懐かしいような甘えたいような気持ちで見たとも言い、自分と実母との関係の投影がうかがわれる。そのあたり、かなり自我水準が低下し、普段押し込めている幼児的な自我状態が優位になっていたのではないかと推察される。犯行はおよそそうした非常に退行した精神状態で推移している。（略）予想もしなかった激しさで抵抗されると、反撃される恐怖と相手が思い通りにならない怒りで極度の興奮状態になった。（略）ひたすら押さえつけた結果、殺害に及んでいる。」と、幼児性の強い事件であるとして、強姦目的を否定し、明確な殺意も否定している。

姦淫についても、「死亡した後でさえも口や手を封じたのは、死者が生き返るという原始的な恐怖感に突き動かされた結果であるし、一方被害者がまだ温かく柔らかいことをもって、抵抗をやめただけで死んでいないと見なして強姦したあたりは、目の前の刺激を自分の思いたい枠組みに沿って取り入れ、解釈する程度が相当強いと考えないと理解できにくい。」として、その場限りの思いつきの犯行であるとしている。

さらに被害児を死亡させたことについても、「赤ん坊にもただ思い通りに泣きやまないということで怒りをぶつけており、客観的に子供を殺す理由がないことに思い至らないほど目前の刺激に巻き込まれた状態であった。ただし、衝動的というには紐を使った殺害の意志及び犯行の態様は確信的であり、少年が述べるように、異母弟への憎しみを投影した部分があったと考えることも理由がある。」として、自白されている床への投げつけや両手による首絞めには一切言及しないばかりか、殺害の動機についても、自白にあるような単なる被害児に対する怒りだけでは説明できないとしている。

このように、すでに、家裁では、検察とはまったく違う事実認定をし、事件を理解していたのである。しかし、検察官は、家裁の意見を参考にして事件を見直すこともせず、本件事件を、強姦目的の殺人事件、そして怒りのあまりの幼児殺人事件として、起訴したのである。

なお、家裁では私選の付添人が選任された。

3　裁判

◆第一審

九九年　六月一一日　起訴

　　　　八月一一日　第一回公判

〇〇年　三月二二日　第七回公判　判決　無期懲役

少年事件の付添人が継続して弁護人となった。冒頭手続で、少年は公訴事実を争わなかった。しかし、弁護人は、強姦の故意の発生時期につき、被害者宅に招き入れられた後であると主張し、少年もこれに沿う供述をした。書証は自白調書も含めてほとんどが同意された。

被害者遺族は、法廷で検察官が朗読する被告人の自白調書を聞き、「聞くに耐えない（略）なんと短絡的で浅ましい犯行」と理解し、「私は〇〇（少年の実名）に望むのは死だけです」、

「犯人に対する怒り、憎しみを抱き続けて生きていくことを改めて心に誓ったのです」と決意し、この少年に保護は必要ないとして、少年の実名を明らかにした。しかし、それらは、検察官がねつ造した事実に基づくものであった。

被告人質問二回、被害者の夫と母親が検察側の証人として証言したが、情状証人を含めて少年のための証人も証拠もなかった。弁護人の少年に対する質問も、事実関係についてはほとんど訊かれることはなかった。しかし、そうした中で、少年は、弁護人の質問に答えて、被害者の殺害について「最初は考える力はありましたが、やっぱりすごく抵抗されるし、大声を出されるので頭の中が真っ白になるというか、何も考えないというか、とにかく声だけをとめようというふうなことしか考えられなくなって、声をとめるにはどうしようかなという感じも、その時には冷静に判断できなくて、首を絞める羽目になりました」と答え、被害児の殺害についても「押し入れの中とか、お風呂場の所とか試して見たけど、お風呂場はすごく響いて、押し入れの中も大して変わらなかったので、どんどん、どんどん、腹が立ってきて、殺してしまうような羽目になってしまいました。」と答えて、殺人の故意を否定していると解釈できる供述をしている。しかし、弁護人はもとより検察官、裁判官も完全にこれを無視し、次の質問をしなかった。

検察官は死刑を求刑したが、第一審判決は、少年の不遇な生育環境が本件犯行を犯すような性格や行動傾向を形成するについて影響があったとして、また殺人は偶発的であったとして、無期懲役を宣告した。これに対し、被害者遺族は、「相場主義の判決である」、「司法に負けた」と激しく反発した。

◆旧控訴審

〇〇年　三月二八日　検察官控訴
　　　　九月　七日　第一回公判
〇二年　三月一四日　第一三回公判　判決　控訴棄却

検察官は死刑を求めて控訴した。検察官は「一〇〇回負けても一〇一回目をやるんだ」と言っていたという。弁護人は二人の国選弁護人であった。検察官の決め球は、少年が未決として収容されていた山口の刑務所で隣の房にいた被収容者に発信した手紙だった。そこには、被害者を侮辱し、司法関係者を揶揄し、反省悔悟を疑わせる内容が記載されていた。その内容は、週刊誌にも大々的に報道され、世間の激しいひんしゅくと怒りを買った。弁護人は、通信の秘密に対する侵害であると反対したが、裁判所はこれを採用した。しかし、このことは少年に大きなトラウマとなり、以後、少年は恐ろしくて手紙さえ出すことができなくなって、少年からコミュニケーションの機会を完全に奪ってしまった。

控訴審は、被告人質問六回、証人三人の取調が行われたが、被告人質問は、もっぱら手紙と被告人の生い立ちに終始し、事実関係についての質問は皆無であった。証人三名は、いずれも検察側の証人で、被告人の悪情状を立証するものであった。ここでも、情状証人を含めて被告人側の証人はなかった。弁護人は、情状鑑定を請求したが却下された。

控訴審判決は一審判決と同様の理由で無期懲役を是認した。検察官の決め球であった、被告人の私信は、相手の手紙のふざけた内容に触発されたものととらえ、無期懲役の判決を変更するまでに至らないというものであった。

これに対しても、被害者遺族はより激しく反発した。

◆**最高裁**

〇二年　三月二七日　検察官上告

一〇月三〇日　検察官上告趣意書提出

例外的な場合を除いて、検察官が量刑を不服として上告することはない。上告は、判例違反と憲法違反に制限されている。しかし、検察官はあくまでも死刑を求めて上告した。検察官の主張は、無期懲役は、過去の死刑に関する判例に違反するというものであった。しかし、永山判決以降、二人殺害で死刑になった少年はいない。検察官の主張は明らかに事実に反していた。つまるところ、検察官は最高裁に判例の変更、つまり新判例を求めたのである。それから、三年間、動きはまったくなかった。最高裁の弁護人は、控訴審の国選弁護人が手弁当で私選として就任した。

〇五年一一月二八日　突如、最高裁から弁護人に対し、電話があった。「翌年の二月二一日か三月一四日に弁論を開きたい。いずれが都合が良いか。」というものであった。刑事事件において、最高裁が死刑事件以外で弁論を開くということは、原則として控訴審判決を破棄するときに限られる。弁護人にとってまったく予想しない事態であった。このため、旧弁護人は、将来新弁護人となる弁護士に応援を求めた。旧弁護人は最高裁に対し、改めて検討したいから十分な時間をもらいたい、ついては協議したいと申し入れた。しかし、最高裁は、これを無視して、一二月六日、一方的に三月一四日の弁論を指定した。このため、応援を求めた弁護士との関係は切れた。

〇六年二月二七日　弁論間近になって再び応援を求められ二人の弁護士がはじめて少年に接見した。旧弁護人も同席した。少年は、開口一番、自分は強姦するつもりはなかったと訴えた。次の接見では、殺すつもりはなかったと殺意を否認した。旧弁護人も新弁護人も驚愕した。旧弁護人は、少年のあまりの幼さをおもんぱかって、少年に対し事実関係について訊くことを控えていたのである。

少年には、自白調書はもとより一審判決書など一切の刑事記録が差し入れられていなかった。持っていたのは、裁判所から送られてきた検察官の控訴趣意書と上告趣意書だけであった。少年の主張どおりであるとすると、殺人と強姦は成立せず傷害致死にとどまる。法定刑は有期懲役にとどまり、無期懲役自体が間違いということになる。従来の弁護とは、あまりにも事態が異なる。旧弁護人は辞任し、新弁護人が就任した。

三月七日 新弁護人は、最高裁に少年との接見結果を説明して、全面的な事実の検証が必要であるとし、そしてそのためには少なくとも三ヶ月の期間が必要であるとして、弁論の延期を申請した。また三月一四日の弁論の日は、弁護士会の仕事が入っているため物理的にも出席できないという理由も付加した。少年に記録のコピーの差し入れが始まった。

三月八日 最高裁は、新弁護人から事情聴取さえすることなく、延期申請を却下した。弁護人が交代した場合、たとえ控訴審と同じ結論を出す場合であっても、あらためて弁論の期日を指定し直すことは、過去の慣例であった。しかし、この事件に限って、最高裁は、弁論の延期を拒否したのである。当時、その理由は不明であった。

三月一三日 弁論の前日、新弁護人は、最高裁に、翌日の弁論の欠席届を出した。少年が言っていることの真偽を確認もせず弁論に臨むわけにいかない。また、翌日は、新弁護人の二人は朝から夜まで弁護士会で缶詰状態になる予定であった。翌々日に控えた死刑事件の模擬裁判の最終リハーサル（実質的には最初で最後のリハーサル）がぶっつけ本番の形で行われることが予定されていた。死刑事件の弁護は、絶対に過誤があってはならない。そのような過誤を少しでもなくするために、過去にあった誘拐殺人事件を題材にして、誤った弁護と理想的な弁護を対比させて、まったく予断を抱かない二組の裁判員の前で実演して、その結果がどうなるかを、全国の弁護士会を衛星中継でつないで放送し、研修を行うものであった。新弁護人の一人はその解説者役、他の一人は裁判官役であった。

三月一四日　最高裁は、新弁護人が欠席することが分かっていて、弁論を強行した。わざわざ検察官に弁護人に対する非難の意見を述べさせ、自らも弁護人を非難した。弁護人による意図的な訴訟遅延であるというのである。そして、一方的に次回の弁論を四月一八日と決めて、弁護人の都合を聞くこともなく、弁護人に出頭命令と在廷命令を発した。これに反すると処罰するというのである。それは、弁護人の延期申請を無視して弁論を強行した自分たちの責任を棚に上げて、もっぱら非難の矛先を弁護人に向けるための演出であった。

これによって、被害者遺族をはじめとして、弁護人に対する非難が一機に噴き上がった。皮肉にもこれを差配した裁判長は弁護士出身で自由人権協会のメンバーでもあった。

新弁護人は、記録を検討した。一審で証拠として採用されている山口大学教授の鑑定書には、自白にあるような、喉仏付近を両親指で指先が真っ白になるほどに力一杯押さえつけた痕跡はもとより、全体重をかけて両手で頚部を扼頚した痕跡は全く指摘されていなかった。むしろ、被害者の右頚部には上から①一・〇cm×三・二cm、②〇・八cm×四・〇cm、③一・〇cm×六・〇cm、④一・三cm×一一cmの四本のほぼ水平な蒼白帯の存在が指摘されており、これは強く圧迫されたものによるとされ、加害者が左手を強く扼圧したために生起したとして矛盾はないと結論されていた。つまり、両親指による頚部圧迫も両手による扼頚もともに否定されていたのである。もっとも、上記の四本の蒼白帯は、その長さからして、左手の順手ではなく、右手の逆手であることは明らかであった。

また、被害児についても、鑑定書では、確かに紐の圧痕は指摘されていたが、床に叩きつけた痕跡もまた紐で力一杯絞めた痕跡も指摘されていなかった。つまり、検察官がまとめ上げた少年の自白は、明らかに客観的証拠である法医鑑定と根本的に矛盾していたのである。

強姦についても、少年を目撃した人たちは、少年が戸別訪問するにあたって、〇〇設備とネームのある制服を見せ、〇〇設備の者ですと名乗り、しかも、若年の女性より高齢の女性と親しく応対し、男性とさえ応対していたと供述していた。少年は、強姦相手の物色とはおよそ矛盾する行為を行っていたのである。被害者に対しても、脅す、着衣に手をつけるなど、強姦の着手といえる行為を何ら行っていなかった。これらの、自白との決定的な矛盾は、実に容易に発見された。

四月一八日　弁護人は弁論期日に出席して弁論を行った。かつてあれほどまでに弁護人を罵っていた裁判所も検察官も、弁護人を前にして、非難の言葉を向けることはなかった。弁護人は、そのときまでに調査することができた事実をもとに、殺人及び強姦が成立しないこと、真実は、少年が寂しさのあまり被害者にやさしくしてもらいたいと思って、被害者にそっと抱きついたことがきっかけであって、強姦の意思はなく、驚愕のあまり誤って被害者を死亡させてしまったものであって殺意はなく、被害児に対しても、床に叩きつけたり、首を絞めたりしたことはなく、泣きやませようとして首に紐を緩く巻いて蝶々結びをしたものであって殺意はなく、いずれも傷害致死にとどまると主張した。そして、原判決を破棄して、事実調べをやり直しを命ずること、それができないならば、弁論を終結せず続行をすることを求めた。

しかし、裁判所は、弁論の続行を拒否し、弁護人に妥協案を示した。つまり、一ヶ月以内ならば、弁護人が追加して提出する書面を、この弁論で述べられてものとして扱うというのである。つまり、一ヶ月後に再度弁論を開いたのと同様に取り扱うという弥縫策をとったのである。

五月一八日 弁護人は弁論の補充書を提出した。そこには、上野正彦元東京監察医務院々長の鑑定書が添付されていた。その鑑定書は、弁護人の主張を完全に裏付けるものであった。弁護人はその後も補充書を二通提出した。

六月二〇日 最高裁判決

最高裁は検察官の上告を全面的に受け容れて、本件事件は死刑に相当する、これを無期にするためにはそれなりの理由が必要であるが、第一審、二審が摘示する理由はそれに該当しない。再度、無期懲役とするに足りる理由があるかどうか審理せよというものであった。それは、判例変更の手続を経ずして、永山判決の判例を変更したものであった。つまり、従来、死刑は総合的に判断して死刑がやむを得ない場合についてのみ許されるとしていたものを、凶悪な事件については死刑が原則、これを無期にするためには合理的な理由が必要であるとしたのである。主客を逆転させ、広く死刑への道を開いたのである。少年の不幸な境遇については、一審及び旧控訴審の評価を否定して、特に劣悪であったとは認められないとした。最高裁は、すでに児童虐待防止法で公的に確認されているにもかかわらず、家庭内暴力や実母の自殺が、少年の精神的発達に重大な影響を与えることすら理解できなかったのである。彼らは、少年事件を審理するだけの資質を欠いていたのである。

最高裁の弁論の強硬は、ひとえに、この手続を無視した新判例のためであった。実は、この判決の日、裁判長の姿はなかった。彼は、その少し前に定年退官していたのである。過去の慣例に反して、弁論の延期を認めなかったのは、ひとえに彼が定年になる前に判決をするためだったのである。彼は、約三年余りも事件を寝かした後、定年退官を前にして急遽残務整理に走ったのであろう。彼にとって、事案の審理よりも事件処理の方が優先したのである。

そして、弁護人の主張に対しては、上野医師を証人に呼んで事実を聞くことさえすることもなく、わざわざ「原審が認めた事実関係は揺るぎなくみとめられる」という異例の文言を付して、全面的に排斥した。最高裁は、弁護人が提出した上野鑑定はもとより、捜査機関が委嘱し第一審が証拠として採用した山口大学教授の鑑定さえも全くの誤りであるというのである。

この最高裁の事実を無視した異常にしてエキセントリックなコメントが、差戻控訴審における弁護人バッシングの原因となった。最高裁は、客観的な証拠をことごとく無視して、弁護人の主張は荒唐無稽な主張であると決めつけたのである。

◆差戻控訴審

二〇〇六年一〇月　全国から集まった二一名の弁護士によって、差戻控訴審弁護団が形成された。死刑廃止のためではない。裁判は政治主張の場ではない。厳粛にして公正な、事実の審理の場であり、それに基づいた法律適用の場である。最高裁の余りにも理不尽さに憤り、検察官の事実のねつ造を糾弾し、真実を明らかにし、第一審、旧控訴審、そして最高裁の手抜き裁判を是正し、少年に真に裁判を受ける権利を保障するために、皆手弁当で集まった。それは、実質において、再審弁護団であった。

弁護団は、さらなる事実を調査した。被告人や関係者と面会して事情を聞くとともに、法医では、上野医師に加えて大野曜吉日本医科大学教授に鑑定を依頼した。その結果、まったくあたらしい事実が解明された。

被害者の左下顎部の直径一・二cmの円形の鮮明な表皮剥脱は、当時、少年が着ていた制服の袖の金属製のボタンによって生起されたものであることが解明された。少年は、座椅子に座っている被害者の背後からそっと抱きついた。これにおどろいた被害者が立ち上がろうとしたため、二人重なるようにして後ろに仰向けにひっくり返った。そして、少年はそのままスリーパーホールドの形で抵抗する被害者を押さえた。その時めくれ上がった袖口が被害者の左顎にあたり、金属製のボタンが表皮剥脱を生じさせたのである。これは、背後から襲いかかり、スプレー式洗浄剤を顔面にかけ、押し倒して馬乗りになったという自白を完全に否定するものであった。

また、弁護団は、少年のパーソナリティに注目した。なぜ、これほどまでに少年は幼いのであろうか。それを解明するため、野田正彰関西学院大学教授に精神鑑定を依頼した。そして、このような少年がどうして本件事件を犯すに至ったかについて加藤幸雄日本福祉大学教授に犯罪心理鑑定を依頼した。

この両鑑定により、激しい父親の暴力により精神的な発達を阻害され、しかも一二歳の時に母親の自殺により成長を止めた少年が、就職という新しい環境に適応できずに会社に行けなくなり、激しい寂寥感と疎外感と罪悪感の中で精神的な退行状態に陥り、ひとかどの職人を気取って排水の検査に来ましたとママゴト遊びをするかのように戸別訪問する中で、被害者と出会い、やさしく接してくれる被害者に自殺で亡くした母親を投影させて、甘えて抱きついてしまったという、幼児性の強い、現実とファンタジーの区別がつかない母胎回帰の事件であったことが解明された。本件事件は、決して強姦殺人という大人類似の性暴力事件ではなかったのである。

生きることに希薄であった少年は、かつて同じく少年時代に強盗強姦殺人という重大事件を犯し、一審死刑を宣告されたものの控訴審で無期懲役となり、それ以後、ひたすら被害者と被害者遺族に謝罪をし続け、ようやく九年目にして被害者遺族から「がんばんなさい」との返事をもらうまでになった先輩と文通を始め、その生き方に、いたすら生きて償うことの大切さを教えられ、請願作業を申し出て謝罪に生ることを開始した。反省悔悟へ向けて新しい事態が展開したのである。

弁護団は、差戻控訴審裁判所に対し、主として法医鑑定人二名、犯罪心理鑑定人、精神鑑定人、無期懲役の先輩の合計五名の証人尋問と事実関係・情状関係・取調関係についての被告人質問を求め、それを実現するために九回にわたる集中審理を求めた。弁護団は、最高裁や検察官の圧力に抗して、裁判所に事案の真相を理解してもらうためには、短期集中審理しかないと考えたのである。

〇七年五月二四日を第一回として、六月、七月、九月と各三回、合計九回の集中審理を行った。裁判所は、弁護団が請求した証人を、無期懲役の先輩を除いて採用した。そして無期懲役の先輩の代わりに彼の少年宛の手紙を採用した。そこには、自分が犯した罪を他人事のようにしか理解できなかった自分、死刑になって死んでやろうと突っ張っていた自分、しかし、命の大切さを教えてくれた母親と弁護人の必死の闘い、そして、被害者への本当に申し訳ないという思いの芽生え、生きて償うことのありがたさ、等々が面々とつづられていた。

第一審、旧控訴審を通じて、罪体・情状を問わず、少年側の証人が取り調べられたのは初めてであった。検察官は、上野、大野鑑定を否定する鑑定人を請求してきた。しかし、それは、検察官の主張を全面的に支持するものではなく、上野、大野鑑定が絶対的に正しいものではないという意見にとどまるものであった。

一〇月一四日、検察官の弁論が行われ、一二月四日、弁護人の弁論が行われた。

おわりに

光市事件は、典型的な少年事件である。精神的に極度に幼い少年から、「ママゴト」や「ドラえもん」や「儀式」や「魔界転生」という言葉が出てきても、何ら不思議でない事件である。彼の言動は、彼の精神的発達レベルの上に立って、彼の生育史、社会史の中で理解されなければならない。彼は捜査段階の当初から、殺意も強姦の故意も否定していた。それが、検察官によってねじ曲げられ、弁護人も裁判所もこれを見逃した。

少年は、本件事件の加害者であると同時に激しい父親の暴力の被害者であったのであり、怠慢な司法の犠牲者でもあったのである。彼の行動は、専門的な知見を駆使して解明され理解されなければならなかった。そして、少年に対しては、刑事罰ではなく少年院等の保護施設におけるケアが必要であった。

本件事件は、弁護人が激しいバッシングの対象となっている。激しいときには、二四時間嫌がらせと脅迫の電話が鳴り響いた。カミソリや銃弾も送られてきた。弁護人は、徒党を組んで、被害者遺族をイジメ、裁判を死刑廃止のために利用し、ありもしない荒唐無稽な話をしているというのである。それは、あの最高裁とまったく同じ論調であり、同レベルの批判と言っても過言ではない。そして弁護人に対する懲戒請求が扇動され、総計六〇〇〇件もの懲戒請求が行われている。弁護士の資格を奪おうというのである。ほとんどの懲戒請求書は形式も内容も同一である。まるで署名運動である。そこでは、「弁護人は、ママゴト遊びで赤ちゃんを床に叩きつけたと常識的に理解できない主張をしている」と非難されている。しかし、弁護人は、赤ちゃんを床に叩きつけるようなことは行っていないと主張しているのである。

結局、このバッシングは、検察官の事実のねつ造や最高裁の手抜きが誘引したものである。このようなバッシングは、司法が司法としての職責をしっかりと果たすことによってしか是正することができない。

＊初出は、日本民主法律家協会発行の『法と民主主義』二〇〇八年二月号。本稿では、紙幅の制限から初出誌で省略した部分を復元、誤記を修正し一部加筆した。

弁護人の最終意見陳述

本稿は二〇〇七年一二月四日、広島高裁で行われた弁護人弁論の陳述に引き続いて行った最終意見陳述である。

弁護人の弁論は、以上述べたとおりです。

私たちは、この裁判で、被告人が何をやったのかを明らかにしてきました。

そしてまた、私たちは、彼のパーソナリティ、つまり彼がどのように生きてきたか、そしてどのように生かされてきたかを、明らかにしてきました。

しかし、残された課題があります。

それは、彼が今後どう生きていくかという問題です。これは被告人自身の問題であると同時に、私たち大人の問題であり、この裁判で問われているもっとも重大な問題です。

被告人は、幼い頃から父親の激しい暴力にさらされ、一二歳で母親を自殺という不幸なことで失い、一八歳一ヶ月で事件を犯して以降、八年間あまりの間、山口刑務所と広島拘置所の独居房で拘禁されてきました。

その間に、祖母を失い、弟は行方知らずとなりました。父親の面会はわずかに五回、彼はずっと孤独の中で放置されてきたのです。結局、被告人が社会人として生活したのはわずかに一四日間でした。

この間、誰も、被告人に生きることの大切さを、言い換えれば生命の大切さを教えて来ませんでした。生命の大切さは、人が人として扱われ、その人の生命が大切にされて初めて分かることです。

しかし、被告人には、そのようなものは、いっさいありませんでした。


このような孤独な中で、被告人を支えたのは、ただ一人、プロテスタントの牧師である教誨師でした。しかし、現在は違います。岡山刑務所で無期懲役で服役している先輩、謝罪と贖罪に生きる人生も人生としてしっかりと存在することを教えてくれた先輩、毎日のように面会し身元引受人となり、時には彼を激しく叱りつけるもう一人の牧師、そして東京から仕事を放り出してでも面会に来てくれる法律事務所の職員、そして、何よりもまず、事件をしっかりと受け止め、反省と贖罪の中で生きていくことを決意できるまでに成長した被告人がいます。

繰り返します。このような状態の中で、残された課題はただ一つ。

彼は、今後どうやって生きていけばいいのか。

私たち弁護人は、裁判所に求めます。

彼に生きる道しるべを指し示す判決を強く求めます。

被告人の謝罪の手紙

裁判が結審した後、被告人が作成し、弁護人が受領して被害者に送付した謝罪の手紙

お手紙がおくれましたる非礼をおわびいたします。あれからたくさんの人との出会いをとおして学ぶものがあり、また感じるものがあり、ぼくのようなものにも声をかけていただけている喜びをむねに、なんとか今日まで生きてきました。生かしていただいけているわけですから、これからは生かされている意味においても考えながら一歩一歩少しずつではありますが、生きたいと想います。そして謝罪についてもこの命がつきはてるまで、つづけさせていただきたく想っております。

ぼくは今　反省や内省について今一度考えています。それは、反省や内省のかたちはたった一つではなくて複数存在するものであることを何らかのかたちでぼくが学習しつつあるのかもしれません。

今までのぼくなら、たった一つのかたちをしめしただけでやめていたでしょう。

受けいれてもらえなかったら、あきらめていたでしょう。

しかし、今のぼくは、ぼくのあり方は、それではだめだと気付いています。いえ今回のことで気付かせていただけました。

現時点では、できないことも、かだいも、やまずみなわけですが、だからといってなにもしないで、できないとは言いたくはなく、せめてできるはんいでやれる所までやってみようとする気持がぼくにはめぶきつつあるのです。

ぼくはこのことをむだにしたくなく、それに、大切な人との出会いをむだにしたくなく、さらなる大切なものへとつなげてゆきたいとすら想えるようになりました。

いつか、この気持を、つぐないのかたちにぜんりょくでしてゆきたいとおもうのですが、それには、長い年月がひつようかもしれません。しかし、いくらこばまれても、このすみませんという気持は、いつかはつたわってゆくことを信じて、ぼくは、今回、生きたいと想いました。

心のきずや、きれつや、ひずみは、修復不可能のように想い、最初のころのぼくは、しょうじきなところ、あきらめていました。

あきらめることが、◎◎さんや他のみなさまへの侮辱になることをぼくは知らなかったのです。　すみません。

きょむ的であり、深い、とても深い絶望は、誰をもよせつけず、こばみ、時としてすべてをのみこんでかえりみない、いえ、かえりみることすらできない悲しみを、まがりなりにも知るぼくは、◎◎さんや他のみなさまにかける言葉をなくしてしまって、みつけることができなかったのです。


しかし、そのことをりゆうの一つに、謝罪をしなかったこともじじつです。

あの当時のぼくに謝罪のことばがあるとしたら、それは、ことばもありません。大変にもうしわけなく想っています。　という言葉だったと想います。

しかし、ぼくは、自分のことばかりにとらわれていて、この言葉もまんぞくにつむぐことができなかったのです。


今ではこの身をはじて、心よりもうしわけなく想っているわけですが、想っているだけで、今日という日をむかえてしまいました。　すみません。ですので、どこまでつたわるのかわかりません。

しかし、つたわる日がくるまで、その日を信じて、ぼくは生きたく想います。　そして、この先も学習し、自身を改善してゆきたいと想います。

できうるかぎりやってみたいのです。

ぼくが生きたいということが、◎◎さんやみなさまをどれだけさいなませ、苦しめるかを、今回、改めて知ってしまったぼくからすれば、身のおきどころがないくらいにして、ただ頭を下げることしかできないわけですが、数々の非礼をおわびしたくて文面をしたためました。誠に申し訳なく想っております。

そして、加害者であるぼくが、このような言葉を書くことには、ていこうがないといえばうそにはなるわけですが、◎◎さんやみなさまの中にねむる◎◎さんと◎◎さんへ、つつしんで御冥福をお祈りしたいと想います。

誠に申し訳ありません。

平成一九年十二月二十三日

○○○○

光市事件の経過

1　起訴されるまで

1999年4月14日　事件発生
1999年4月18日　少年（当時18歳）を逮捕、以後、捜査段階で弁護人は付いていない。
1999年5月9日　山口家庭裁判所へ送致、少年審判では付添人弁護士が付く。
1999年6月4日　山口家庭裁判所が逆送決定。

2　第1審　9か月間

1999年6月11日　少年を殺人、強姦致死、窃盗で起訴。
1999年8月11日　第1回公判、被告人は公訴事実を争わず。弁護人は、強姦の故意の発生時期だけを争う。
審理：書証について自白調書は同意、被害者の夫・母親証人調、被告人質問2回（殺害行為を否認すると受け取れる供述をしている）。強姦の故意の発生時期だけ争いその他は問題とされず。
2000年3月22日　第7回公判　判決・無期懲役

3　第2審　2年間

２０００年３月28日　検察官が控訴。
２０００年６月28日　検察官が控訴趣意書提出、量刑不当を主張。
２０００年９月７日　第１回公判
　審理：被告人の発受した手紙の証拠調、被害者の夫の証人調、手紙を入手した警察官・検察事務官の証人尋問、被告人質問４回（事実関係の質問はなし）、被害者遺族の意見陳述。弁護人は情状鑑定の請求をするが、却下される。
２００２年３月14日　第13回公判　判決・控訴棄却（無期懲役）

4　上告審　4年3か月間

２００２年３月27日　検察官が上告。
２００２年10月30日　検察官が上告趣意書を提出。判例違反、量刑不当。
２００３年12月26日　弁護人が答弁書を提出。上告趣意書の論点に反論。
２００５年12月６日　最高裁が旧弁護人の意向を無視し２００６年３月14日に弁論期日を指定。
２００６年２月27日　新弁護人が広島拘置所で初めて被告人と接見。被告人は新弁護人に事実が違う（殺人及び強姦を否認）と訴える。旧弁護人は辞任へ。
２００６年３月７日　新弁護人は事実調査が必要である等として弁論期日の延期を申請。

2006年3月8日　最高裁は新弁護人の意向を無視して延期申請を却下。

2006年3月14日　最高裁の弁論期日、新弁護人は欠席、弁論は開かれず。最高裁は弁論期日を一方的に4月18日に指定。

2006年3月15日　最高裁は新弁護人に出頭・在廷命令を出す。

2006年4月18日　最高裁で弁論が開かれる。新弁護人は、「殺人及び強姦について無罪を主張し、事実誤認を理由とする破棄差戻ないし弁論の続行」を求める。最高裁は弁論の続行を拒否し結審。

2006年5月18日　新弁護人は最高裁に弁論補充書を提出する。法医鑑定書を出して改めて事実誤認を指摘（6月16日までの間にさらに2通の補充書を提出）。

2006年6月20日　判決・原判決破棄、広島高裁へ差し戻し（原判決が無期懲役としたのは著しく正義に反して軽い。犯行行為は原判決が認定したとおり揺るぎなく認めることができる。

6　差戻控訴審

2006年10月中旬　弁護団を結成する。（現在、北海道から九州まで、21人の弁護人）

2007年5月24日　第1回公判　弁護人、検察官が更新意見を陳述。

2007年6月26日　第2回公判　被告人質問（実行行為）

6月27日　第3回公判　被告人質問（同上）

6月28日　第4回公判　犯罪心理鑑定人尋問（加藤幸雄教授）
7月24日　第5回公判　被告人質問（実行行為日の行動）
7月25日　第6回公判　法医鑑定人尋問（上野正彦医師、大野曜吉教授）
7月26日　第7回公判　精神鑑定人尋問（野田正彰教授）
9月18日　第8回公判　被告人質問（供述の変遷）
9月19日　第9回公判　被告人質問（供述の変遷・生い立ち）
9月20日　第10回公判　検察官請求法医鑑定人尋問（石津日出雄教授）・被害者遺族
意見陳述・被告人質問（情状）
10月18日　第11回公判　検察官弁論
12月4日　第12回公判　弁護人弁論
2008年4月22日　第13回公判　判決（同上）

光市事件　弁護団は何を立証したのか

2008年 4月22日　第1刷発行

編著者　光市事件弁護団

発行人　深 田　　卓
装幀者　藤 原 邦 久
発　行　㈱インパクト出版会
東京都文京区本郷2-5-11　服部ビル
Tel03-3818-7576　Fax03-3818-8676
impact@jca.apc.org　http://www.jca.apc.org/~impact/
郵便振替　00110-9-83148

シナノ